FiNALE
Prüfungstraining

Realschulabschluss 2018
Hessen

Englisch

westermann

FiNALEonline.de

Liebe Schülerin, lieber Schüler,

FiNALEonline.de ist die optimale Ergänzung zu diesem Buch.
Hier findest du folgende Zusatzmaterialien:

- die Original-Prüfungsaufgaben 2017 nach Eingabe des Codes: **ENv78fz**
- den kostenlosen FiNALE Online-Test
- allgemeine Tipps zur Prüfungsvorbereitung

Mach den Test!
Mit dem kostenlosen **FiNALE Online-Test** kannst du vorab deinen Leistungsstand ermitteln. Das Testergebnis verweist dann auf bestimmte Seiten in diesem Buch, mit denen du zu deinem Fehlerschwerpunkt üben kannst.

Unser Download-Angebot für Lehrer und Lehrerinnen:
die FiNALE Lehrerhandreichung zum optimalen Einsatz dieses Buches im Unterricht.

Einfach mal reinschauen: www.finaleonline.de

Autoren: Nikola Schouler sowie Ursula Grüninger, Gerhard Adams, Andrea Gergen, Detlef Kunz, Catrin Siedenbiedel

westermann GRUPPE

Druck A[1] / Jahr 2017
Alle Drucke der Serie A sind im Unterricht parallel verwendbar.

Redaktion: lüra – Klemt & Mues GbR, Wuppertal
Kontakt: finale@westermanngruppe.de
Layout: Druckreif! Sandra Grünberg, Braunschweig
Umschlaggestaltung: Janssen Kahlert Design & Kommunikation, Hannover
Druck und Bindung: westermann druck GmbH, Braunschweig

ISBN 978-3-14-**271807**-1

Was erwartet dich in diesem Buch?

Du bist in der 10. Realschulklasse und vor dir liegt die Zentrale Abschlussprüfung, das große „Finale“. Darauf will dich dieses Buch vorbereiten. Es gibt dir die Möglichkeit,

1. dich mit den Prüfungsaufgaben und ihren Anforderungen vertraut zu machen,
2. deine sprachlichen Möglichkeiten in den für die Zentrale Abschlussprüfung geforderten Bereichen zu erweitern.

In **Teil A** erhältst du Hinweise, wie du dich gezielt und sinnvoll auf die Prüfung vorbereiten kannst. Dieser Teil führt dich in kleinen Schritten an die Aufgabentypen heran und macht dir deutlich, was in den Aufgaben von dir erwartet wird und wie du gut damit zurechtkommen kannst. Außerdem bekommst du Tipps und Hilfen zur Erweiterung deines Wortschatzes.

In **Teil B** findest du Prüfungsbeispiele, die aufgebaut sind wie die Originalprüfungen. Am Anfang wirst du dabei durch Lösungshilfen sehr intensiv unterstützt, später gehst du zunehmend selbstständig vor. Die Prüfungsbeispiele orientieren sich nicht nur in der Art der Aufgabenstellungen, sondern auch thematisch an den Vorgaben für die Zentrale Abschlussprüfung.
Die letzte Prüfung im Buch ist die Realschulabschlussprüfung aus dem Jahr 2016.

Die Originalprüfung für 2017 bekommst du im Internet, sobald sie geschrieben und zur Veröffentlichung freigegeben ist. Sie ist dann zu finden unter www.finaleonline.de und kann mit diesem Codewort heruntergeladen werden: ENv78fz

Und natürlich gibt es ein Lösungsheft, in dem du die Richtigkeit jedes Arbeitsschrittes überprüfen kannst. Außerdem findest du auch zur Original-Prüfungsaufgabe eine mögliche Musterlösung, sodass du einschätzen kannst, was von dir in der Abschlussprüfung erwartet wird.

In diesem Arbeitsbuch findest du Schreibraum für wichtige vorbereitende Notizen.
Darauf verweist neben den Texten (auf blauem Fond) dieses Zeichen:

Manchmal musst du deine Texte auf einem Extrablatt anfertigen.
Das erkennst du an diesem Zeichen:

Damit du ein Gefühl für die zur Verfügung stehende Arbeitszeit bekommst, solltest du beim Bearbeiten der Prüfungsaufgaben eine Uhr bereitstellen (siehe Checkliste Seite 12).

Zum Buch gehört auch eine CD, auf der du alle Hörverstehenstexte findest.

Wir sind sicher, dass du dich nach der Bearbeitung dieses Buches sicher für das „Finale“ fühlst, und wünschen dir für die Prüfung viel Erfolg.

Das Autorenteam

Inhaltsverzeichnis

Teil A Vorbereitung auf die Abschlussprüfung

A 1 Was wird in der Realschulabschlussprüfung erwartet?

Der Teil der zentralen Abschlussprüfung an Realschulen (ZAP), in dem deine **Kenntnisse in Englisch** getestet werden, unterscheidet sich in seinem Ablauf grundsätzlich nicht sehr von den Klassenarbeiten, die du schon kennen gelernt hast. Allerdings wird diese Prüfung nicht wie die Klassenarbeiten von deinem Lehrer oder deiner Lehrerin entworfen, sondern es gibt **Aufgabenstellungen vom Kultusministerium,** also von Menschen, die dich, deine Klasse, deine Lehrer und deinen Englischunterricht gar nicht kennen. Sie ist für alle Realschulen in Hessen gleich. Deine Lehrer kennen die Aufgaben im Vorfeld ebenso wenig wie du.

In dieser Prüfung geht es nicht wie in einer Klassenarbeit um das, was du in den letzten Wochen im Englischunterricht gelernt hast, sondern vielmehr darum, wie gut du insgesamt schon Englisch kannst.

Die **Termine** für die Prüfung, die in der Regel im 2. Halbjahr der 10. Klasse liegen, werden vom Kultusministerium bestimmt, damit alle Schülerinnen und Schüler der 10. Realschulklassen in Hessen sie gleichzeitig bearbeiten können.

Beurteilt und bewertet wird die Prüfung von deinem Englischlehrer oder deiner Englischlehrerin.

A 1.1 Der Gegenstand der Prüfung

In der Prüfung geht es nicht wie in einer Klassenarbeit um spezielle inhaltliche Themengebiete, die du in den letzten Wochen im Englischunterricht durchgenommen hast, sondern um **Alltagsthemen** wie Sport, Freizeit, Schule, Umweltschutz oder Ähnliches. Zu diesen Themen werden aber **keine Wissensfragen** gestellt (etwa: Welche Besonderheiten hat das englische Schulsystem? Wer hat 1974 die Fußballweltmeisterschaft gewonnen?). Es soll vielmehr geprüft werden, inwieweit du dazu in der Lage bist, Englisch anzuwenden und zwar sowohl im Bereich des **Verstehens** von Texten und gesprochener Sprache als auch im Bereich der **Grammatik, des Wortschatzes** und **des eigenständigen Formulierens** von kleinen Texten (ca. 150 Wörter). Darüber hinaus sollst du zeigen, inwiefern du Inhalte aus englischen Texten entnehmen und **ins Deutsche übertragen** kannst.

Die Prüfung besteht deshalb aus folgenden Teilen:
- Hörverstehen
- Leseverstehen
- *Mediation* (Sprachmittlung)
- Sprachgebrauch (Grammatik, Wortschatz)
- Textproduktion (Schreiben)

INFO zu den Themen

In der Prüfung geht es um typische Lehrbuchthemen:
- Freizeit, Freundschaft, Liebe
- Sport
- Schule
- Gesellschaft (Umwelt, Menschenrechte, ...)
- Berufswahl
- „Neue Medien“

INFO benötigte Kompetenzen

Es geht weniger um Kenntnisse als um Fähigkeiten, und zwar in den Bereichen Leseverstehen, Hörverstehen, Sprachmittlung, Sprachgebrauch, Schreiben.

A 1.2 Der Ablauf der Prüfung

Die Englischprüfung dauert insgesamt 135 Minuten, das entspricht 3 Schulstunden von jeweils 45 Minuten. Wie alle schriftlichen Prüfungen beginnt sie um 9:00 Uhr morgens.
Zunächst wirst du über eure Rechte und Pflichten informiert, z. B. darüber, dass du ein zweisprachiges Wörterbuch verwenden darfst, aber kein elektronisches.
Als nächstes werden die Aufgabenblätter ausgeteilt. Dann bespricht dein Englischlehrer oder deine -lehrerin mit euch die Aufgabenstellung und klärt mögliche Nachfragen.
Die eigentliche Bearbeitungszeit beginnt erst danach mit dem Abspielen der CD für das Hörverstehen.
Am Ende der Bearbeitungszeit gibst du alle Blätter, die du bekommen hast, wieder ab, auch die Schmierzettel und die, die du nicht benutzt hast.

Listening Comprehension **(Hörverstehen)**
Zu **Beginn der Prüfung** wird das Hörverstehen überprüft. Dazu werden dir mehrere Hörtexte vorgespielt und Aufgaben dazu vorgestellt, zu denen du dann die richtigen Lösungen angeben sollst.
Bevor die Hörverstehenstexte vorgespielt werden, bekommst du Zeit, dir die Aufgaben durchzulesen. Das solltest du gründlich tun, damit du genau weißt, was von dir verlangt wird. Außerdem hast du dann auch schon eine grobe Vorstellung davon, worum es in dem Text gehen könnte.

Es könnten in diesem Prüfungsteil folgende **Aufgabentypen** vorkommen:
- Multiple Choice
- *true/false*
- *gap filling*
- *matching*
- *chart* oder *grid*

INFO Material in der Prüfung

Wenn du etwas anderes als Schreibzeug zur Prüfung mitbringen sollst, z. B. eine Lektüre, sagt dein Englischlehrer oder deine -lehrerin dir das im Vorfeld. Dann solltest du unbedingt daran denken, diese mitzubringen.

INFO Verhalten während der Prüfung

Während der Prüfung darfst du den Raum nur für kurze Zeit verlassen und nur dann, wenn kein anderer Schüler draußen ist.

INFO Hilfsmittel

Du darfst ein zweisprachiges Wörterbuch (Deutsch-Englisch, Englisch-Deutsch) in der Prüfung benutzen. Dies wird dir von der Schule zur Verfügung gestellt. Ob du auch dein eigenes Wörterbuch benutzen darfst, musst du mit deiner Lehrerin oder deinem Lehrer im Vorfeld klären.

TIPP Verwendung des Wörterbuchs

Es ist eine große Hilfe, dass du ein zweisprachiges Wörterbuch benutzen darfst.
Schlage aber nicht alle Wörter nach. Das kostet zu viel Zeit und dann schaffst du nicht alle Aufgaben!

Diese Art von Aufgaben sind dir sicherlich nicht neu. **Aber Vorsicht:** Lass dich nicht täuschen! Oft sind die Antwortmöglichkeiten bei **Multiple-Choice-** oder ***matching***-Aufgaben so ähnlich, dass man leicht etwas Falsches ankreuzt, wenn man nicht genau hinschaut. Also: Ruhe bewahren und die Antwortmöglichkeiten genau lesen, bevor du etwas ankreuzt oder einträgst!

Reading Comprehension **(Leseverstehen)**
In diesem Prüfungsteil bekommst du in der Regel **mehrere Texte zum Lesen,** zu denen du im Anschluss Aufgaben bearbeiten und Fragen beantworten musst.
Dabei gibt es Fragen, die überprüfen, ob du den entsprechenden Text verstanden hast. Diese Fragen sind oft im Multiple-Choice- oder *gap-filling*-Format oder als *matching*-Aufgaben gestellt. Fragen, die etwas offener formuliert sind, müssen im ganzen Satz beantwortet werden. Die Informationen, die erfragt werden, findest du im Text. Aber Vorsicht: Möglicherweise findet man die Informationen nicht wörtlich im Text, sondern nur sinngemäß.

Mediation **(Sprachmittlung)**
Die Sprachmittlung gehört zum Prüfungsbereich ***Use of Language*** **(Sprachgebrauch).** Der zweite Teil dieses Prüfungsbereichs heißt *Words and structures* (Wortschatz und grammatische Strukturen).
Beim Prüfungsteil Sprachmittlung gibt es zwei verschiedene Aufgabentypen. Bei der einen Art sollst du zeigen, dass du einen englischen Text verstehst und Fragen zu diesem Text **auf Deutsch** beantworten kannst. Es geht hierbei nicht darum, dass du Teile des Textes wörtlich übersetzt, sondern darum, dass du dem Text Informationen entnehmen und diese sinngemäß weitergeben kannst. Hierzu gehört im zweiten Teil, dass du Fragen, die der Text nicht beantwortet, **auf Englisch** formulieren und so beispielsweise ein Telefongespräch vorbereiten kannst.

TIPP

- Ruhe bewahren!
- Aufgabenstellung genau lesen
- Überlegen, was genau gefordert wird

INFO Aufgabentypen 1

Zur Überprüfung des Hör- oder Leseverstehens werden in der Regel folgende Arten von Aufgaben verwendet:

1. **Multiple Choice**
   aus einer Auswahl von Aussagen zum Text den richtigen Satz/das richtige Wort auswählen und ankreuzen
2. **true/false**
   entscheiden, ob eine Aussage in Bezug auf einen Text wahr oder falsch ist
3. **Gap filling**
   ein fehlendes Wort im Satz/einen Satzteil mit Informationen aus dem Text ergänzen
4. **Matching**
   zwei Satzteile (oder Informtionen) einander zuordnen
5. **Chart**
   die fehlenden Informationen in eine Tabelle eintragen
6. **Put the sentences in the correct order**
   Sätze in eine logische Reihenfolge bringen
7. **Questions on the text**
   Fragen zum Text in ganzen Sätzen beantworten

Eine andere Aufgabenstellung ist, dass du in einem **Gespräch** zwischen mehreren Personen **vermitteln** musst. Hier kann oft ein Beteiligter nur wenig Englisch und du sollst dieser Person helfen. Auch hier geht es nicht um die wörtliche Übersetzung von Aussagen. Achte aber in beiden Fällen unbedingt auf die genaue Aufgabenstellung.

Words and structures
(Wortschatz und Grammatik)
In diesem Prüfungsteil geht es um deine Kenntnisse in Grammatik und Wortschatz der englischen Sprache. Hier kommen häufig **Multiple-Choice-** und ***gap-filling*-Aufgaben** vor, bei denen du präzise die richtige Antwort auswählen musst. Grundlage für die Grammatikaufgaben ist die gesamte englische Grammatik, soweit du sie im Unterricht gelernt hast. Manchmal musst du zwischen zwei sehr ähnlichen Formulierungen entscheiden, sodass es wichtig ist, dass du dir der Regeln ganz sicher bist, die es anzuwenden gilt.

In diesem Buch findest du Übungen zur Grammatik und die Lösungen im Lösungsheft. Die Regeln dazu findest du in deinem Englischbuch oder in einer englischen Grammatik in deiner Schulbibliothek. Zur Übung kannst du aus den Grammatikregeln, die du nicht so gut behalten kannst, ein **Lernplakat** basteln und es dir in dein Zimmer hängen. So schaust du immer wieder darauf und merkst dir die Regeln besser.
Für das Wiederholen des englischen Grundwortschatzes und der unregelmäßigen Verben kannst du dir z. B. einen Karteikasten anlegen, in dem du auf jede Karteikarte eine Vokabel oder ein unregelmäßiges Verb schreibst. Nach und nach kannst du schwierige Wörter lernen. Mit dieser **Lernkartei** kannst du die Kärtchen aussortieren, die du schon beherrschst, und dich auf das Lernen der Wörter konzentrieren, die du immer wieder vergisst.

Text Production (einen Text schreiben)

In diesem Bereich werden etwa zwei bis drei Themen zur Auswahl gestellt. Zu einem dieser Themen musst du einen Text in englischer Sprache schreiben (ca. 150 Wörter). Dabei werden in der Regel einige Stichpunkte angegeben, die dir zeigen, welche inhaltlichen Elemente in deinem Text vorkommen sollen. Es wird auch eine Textsorte vorgegeben, in der du schreiben sollst. Folgende Textsorten könnten gefordert sein:
- *diary entry* (Tagebucheintrag)
- *letter* (Brief) *or e-mail*
- *description of a picture* (Bildbeschreibung)
- *report or comment* (Bericht oder Kommentar)
- *story* (erfundene oder erlebte Geschichte)
- *summary* (Zusammenfassung)

Beim Schreiben ist sowohl wichtig, dass die Textsorte deutlich erkennbar ist (z. B. durch die Anrede im Brief), als auch, dass die inhaltlichen Punkte berücksichtigt werden.

Merkmale der Textsorten

Diary entry (Tagebucheintrag)

Ein Tagebuch ist etwas sehr Persönliches. Deshalb gibt es auch viele verschiedene Möglichkeiten, einen Tagebucheintrag zu gestalten. Wichtig ist, dass der Tag irgendwo benannt ist, an dem das Geschilderte passiert ist. Du musst darauf achten, dass du das Geschehen möglichst anschaulich darstellst. Du sollst auch persönliche Einschätzungen, Wertungen und Gefühle einfließen lassen. Dadurch bekommt jeder Text etwas Unverwechselbares. Wenn z. B. zwei Freunde gemeinsam einen Bootsausflug erlebt haben, könnten sie ihre Eindrücke auf ganz unterschiedliche Weise im Tagebuch festhalten. Möglicherweise hat der eine den Ausflug als ganz toll erlebt, weil er gern reist, gern draußen ist und gern Boot fährt, während der andere vor allem wahrgenommen hat, dass es kalt war, dass er seekrank geworden ist und lieber mit seinen Kaninchen zu Hause gespielt hätte. Dieses persönliche Erleben sollte im Tagebucheintrag deutlich werden.
Die Zeit des Tagebucheintrags ist das *simple past.*

Letter or e-mail (Brief oder E-Mail)

Ein **privater Brief** ist, wie ein Tagebucheintrag, ein sehr persönlicher Text. Anders als der Tagebucheintrag ist der Brief allerdings ein Text, der sich von einer Person an eine andere wendet. Das sollte in der Anrede *(Dear* + Name des Empfängers) und in der Schlussformel *(Yours* + Name des Absenders) deutlich werden. Wie ein Tagebucheintrag enthält auch ein Brief das Datum des Tages.
Im Brief sollte deutlich werden, was der Absender dem Empfänger sagen möchte (z. B. Urlaubsgrüße schicken, ihn zu einem Treffen einladen, eine Frage stellen, um Rat bitten). Wenn der Brief eine Situation schildern soll, dann müssen alle wichtigen Informationen über diese Situation enthalten sein, die der Empfänger kennen muss, um alles zu verstehen. Auch hier sollten persönliche Einschätzungen des Absenders deutlich werden.
Die **E-Mail** ist formal etwas anders gestaltet (Betreffzeile, E-Mail-Adresse) und oft weniger förmlich als ein Brief, ansonsten unterscheiden sie sich wenig. Manche Leute verwenden in E-Mails Kürzel. In einer E-Mail, die du in der Realschulabschlussprüfung schreibst, muss allerdings sichergestellt sein, dass alle Leute, die die E-Mail lesen (also auch deine Lehrer!) in der Lage sind, die Kürzel zu verstehen. Du solltest mit Kürzeln also vorsichtig umgehen.
In Briefen und E-Mails können verschiedene Verb- und Tempusformen vorkommen. Es kommt ganz darauf an, ob du etwas Vergangenes beschreibst *(simple past)* oder einen Vorschlag für die Zukunft machst *(future*-Formen) oder ob du eine Bitte oder Aufforderung formulierst.

Description of a picture (Bildbeschreibung)

Bei einer Bildbeschreibung ist es wichtig, dass du zunächst detailliert beschreibst, was man auf dem

Bild sehen kann *(In the centre of the picture ..., in the top right-hand corner ..., in the bottom left-hand corner ..., in the foreground ..., in the background ...)*. Du solltest das Bild so beschreiben, dass es sich jemand, der es nicht sehen kann, ganz genau vorstellen kann. Das kannst du üben: Zeige einer anderen Person nach dem Schreiben einer Bildbeschreibung das Bild. Dann könnt ihr vergleichen, ob die Vorstellung, die bei der Beschreibung entstanden ist, mit dem richtigen Bild übereinstimmt.
Am Ende einer Bildbeschreibung solltest du versuchen, das Dargestellte zu **interpretieren.** Dabei können dir folgende Fragen als **Leitfragen** dienen:
- Wie wirken die verschiedenen Elemente des Bildes (im Zusammenhang) auf den Betrachter?
- Was ist besonders wichtig, was weniger?
- Gibt es eine Aussage, die das Bild trifft? Wenn ja, welche?

Das Grundtempus ist das *simple present*.

Report **(Bericht)**
In einem Bericht sollst du das Geschehene möglichst genau und möglichst neutral darstellen, d. h., ohne eigene Wertungen oder persönliche Gefühle der Beteiligten. Aussagen von Personen kannst du auf zwei Arten einfügen:
- als wörtliches Zitat mit Anführungszeichen
- in der indirekten Rede

Wählst du die wörtliche Rede, muss jedes Wort genau stimmen.
Bei der indirekten Rede musst du die Regeln für die *reported speech* beachten.
Am besten beginnst du den Bericht mit der Beantwortung der sogenannten **W-Fragen:**
- Wer? – *Who?*
- Was? – *What?*
- Wo? – *Where?*
- Wann? – *When?*
- Wie? – *How?*

Ein Bericht sollte kurz und präzise sein, aber alle wesentlichen Informationen zum Geschehen enthalten.

Comment **(Kommentar)**
Ein Kommentar kann sich entweder auf einen Text, ein Geschehen oder eine Situation beziehen. In der Einleitung solltest du kurz erwähnen, was genau du kommentieren wirst (Thema). Dann geht es um deine Einschätzung zu diesem Thema. Sie sollte aber möglichst nicht zu einseitig sein. Erwartet wird eine Argumentation, die Pro- und Kontra-Argumente berücksichtigt und nicht aus simplen Behauptungen besteht, sondern deinen Standpunkt begründet darlegt.

Story **(Geschichte)**
Die Aufgabenstellung zu *story* kann unterschiedlich sein. Entweder bekommst du den Anfang einer Geschichte und sollst diese weiterschreiben oder du bekommst ein Bild und sollst dir dazu eine Geschichte ausdenken *(Tell the story behind the picture.)*. Dies geschieht dann oft in Verbindung mit einer Bildbeschreibung.
Egal welche Art Geschichte du schreiben sollst, die Merkmale sind gleich. Wenn dir ein Anfang vorgegeben wird, musst du daraus die wichtigsten Personen erkennen sowie wann und wo die Geschichte spielt. Die dort begonnenen Handlungsstränge musst du in deiner Geschichte fortführen und dabei auf die richtige Zeitwahl achten.
Der Aufbau ist immer derselbe: Erst kommt die Einleitung, dann der Hauptteil und schließlich ein sinnvoller Schlussteil. Auch sollte deine Geschichte immer einen Höhepunkt sowie einen klaren „roten Faden“ haben. Verwende nach Möglichkeit Stilmittel wie z.B. wörtliche Rede, um deine Geschichte interessanter zu gestalten.

Summary **(Zusammenfassung)**
Bei einer *summary* geht es darum, etwas zusammenzufassen. Sie sollte im *simple present* gehalten sein und nur die wichtigsten Informationen enthalten. Du beginnst sie mit einem Einleitungssatz, der Informationen zu Titel, Autor, Ort, Zeit und Thema enthält. In der Abschlussarbeit wird es sich vermutlich um einen Text handeln, den du zusammenfassen sollst, daher musst du auch die Textart angeben. Wichtig ist, dass du deine Zusammenfassung frei von persönlicher Meinung hältst.

Bewertung der Textproduktion
Der Bereich *writing* wird ebenfalls mit insgesamt 25 Punkten bewertet. Diese teilen sich in vier Bereiche auf: Inhalt, Organisation (Struktur), Grammatik und Wortschatz. Maximal 10 Punkte gibt es im Teilbereich „Inhalt“. Dieser wird nach abgearbeiteten Leitpunkten benotet. Daher solltest du hier besonders auf die Fragestellungen zur Aufgabe

achten. Beantwortest du Fragen nicht oder nur oberflächlich, führt dies zu Punktabzug.
Maximal je 5 Punkte fallen auf die Bereiche „Organisation“, „Grammatik“ und „Wortschatz“. Im Bereich „Organisation“ bekommst du Punkte für den Aufbau (Einleitung, Hauptteil, Schluss) und dafür, wie du wie Sätze beginnst und/oder fortführst (siehe in diesem Buch auch S. 18, 96).
Im Bereich „Grammatik“ erhältst du Punkte für den Satzbau sowie die richtige Verwendung von grammatischen Strukturen, zum Beispiel die Zeiten oder das Passiv. Im Bereich „Wortschatz“ wird deine Wortwahl und die Rechtschreibung bewertet. Es geht also darum, welche Wörter oder Redewendungen du kennst und wie du sie verwendest.

A 1.3 Zum Aufbau dieses Buches – und zum Umgang damit

Dieses Arbeitsbuch wird dir dabei helfen, dich mit den Anforderungen in der Prüfung vertraut zu machen und dich gezielt darauf vorzubereiten.

In **Teil A** wirst du dich intensiv mit den für die Prüfung wichtigen Bereichen Hörverstehen, Leseverstehen, Sprachmittlung, Sprachgebrauch und Schreiben beschäftigen und Übungen finden, die dir helfen, deine Fähigkeiten in diesen Bereichen zu verbessern. Es ist wichtig, dass du dir wirklich Zeit nimmst, die Übungen systematisch und gründlich durchzuarbeiten.
Nimm dir nicht zu viel auf einmal vor, sondern konzentriere dich auf jeweils eine Aufgabe. Wenn du diese gelöst hast, schau dir die Lösungen im Lösungsheft an. Du solltest diese aber nicht einfach „abhaken“, sondern genau überprüfen, was du richtig gemacht hast – und was noch nicht so gut geklappt hat. Wenn du „Fehler“ gemacht hast, dann lies den entsprechenden Abschnitt dieses Buches nochmals durch und mach dir klar, wie diese „Fehler“ entstanden sind. Erst wenn du das tatsächlich verstanden hast, hast du auch etwas gelernt.

In **Teil B** folgen Testaufgaben, in denen du deine Fähigkeiten im Zusammenhang erproben und üben wirst. Diese sind so aufgebaut, dass die in den Vorgaben genannten inhaltlichen Bereiche berücksichtigt sind. Du wirst also feststellen, bei welchen Themen du dich sicher fühlen kannst und bei welchen du eventuell noch an deinem Wortschatz arbeiten solltest.
Die vier Tests enthalten immer weniger Lösungshinweise, denn du sollst zunehmend selbstständiger mit den Tests arbeiten lernen, damit du dich am Ende sicher fühlst, dass du den „richtigen“ Test auch allein schaffen kannst.
Wenn du dich mit den Beispieltests beschäftigst, solltest du zunehmend versuchen, diese unter denselben Bedingungen zu bearbeiten, wie sie dann auch im „Ernstfall“ gegeben sind. Bei Test Vier solltest du auch unter den gleichen Zeitvorgaben arbeiten. Schau dir dabei also die Lösungen erst an, wenn du alle Teile fertig hast, und stoppe die Zeit, die du zur Bearbeitung benötigt hast. Nur so kannst du wirklich feststellen, wie du mit der Zeit und den Anforderungen zurechtkommst. Die folgende Checkliste solltest du jedes Mal durchgehen, bevor du dich mit einem der Tests beschäftigst.
Manchmal haben die Fehler, die du machst, gar nichts mit dem speziellen Übungsschwerpunkt zu tun (z. B. Rechtschreib- oder Vokabelfehler bei der Grammatikübung). Überlege selbst, worin dein Fehler bestand und was du tun kannst, um ihn beim nächsten Mal zu vermeiden.

INFO

Manchmal haben die Fehler, die du machst, gar nichts mit dem speziellen Übungsschwerpunkt zu tun (z. B. Rechtschreib- oder Vokabelfehler bei einer Grammatikübung). Überlege beim Arbeiten mit diesem Buch selbst, worin dein Fehler bestand und was du tun kannst, um ihn beim nächsten Mal zu vermeiden.

CHECKLISTE

1. **Nimm dir Zeit.**
   In der Prüfung werden dir 135 Minuten zur Verfügung stehen. Du solltest also einen Test nur beginnen, wenn du auch 135 Minuten – möglichst ohne Unterbrechung – daran arbeiten willst und kannst. Halte dich möglichst genau an die Zeitvorgaben, insbesondere bei den Hörverstehensaufgaben. Versuche, mindestens 10 Minuten für eine Überarbeitung als Puffer einzubauen.

2. **Wähle einen passenden Ort.**
   Wähle einen Ort, an dem du davon ausgehen kannst, dass du dort 135 Minuten lang störungsfrei arbeiten kannst.

3. **Bereite deinen Arbeitsplatz vor.**
   Du benötigst:
   - dieses Buch und die beiliegende Audio-CD,
   - Stifte und einige leere Blätter,
   - eine Uhr,
   - einen CD-Spieler für die Hörverstehensaufgaben,
   - ein zweisprachiges Wörterbuch
   - und **sonst nichts!** (kein Handy, keine Bücher oder Hefte, ... nichts, was dich ablenken könnte)

Wenn du so vorbereitet bist, kannst du dich in den folgenden Schritten sinnvoll mit den Tests auseinandersetzen:

TIPP Arbeitsschritte

Schritt 1
Bearbeite einen Test (möglichst innerhalb der 135 Minuten) – und lass ihn dann liegen.
Schritt 2
(eventuell am nächsten Tag): Vergleiche deine Lösungen mit den Beispiellösungen im Lösungsheft.
Schritt 3
Wenn du Fehler gemacht hast: Schau dir die Aufgabenstellung und deinen Lösungsweg noch einmal genau an. Wenn du aus deinen Fehlern lernen möchtest, musst du versuchen herauszufinden, wie ein Fehler entstanden ist, damit du denselben Fehler nicht noch einmal machst.
Fang auf keinen Fall mit dem nächsten Test an, bevor du dir sicher bist. Wenn du das selbst nicht feststellen kannst, kannst du bestimmt deinen Lehrer oder deine Lehrerin fragen.

Anfangs werden dir in diesem Buch noch recht viele Hilfen zu den Aufgaben gegeben. Diese werden dann nach und nach reduziert, damit du immer selbstständiger an die Aufgaben herangehst. Es ist also sinnvoll, dass du die Aufgaben nacheinander bearbeitest.
Zunächst sollst du dich bei der Bearbeitung der Beispieltests ganz auf die Aufgabenformate konzentrieren und dich daran gewöhnen, einen ganzen Text zu bearbeiten. Wenn du schon sicherer bist, wird dir erläutert, wie die Lehrer auf die Lösungen schauen und wie die einzelnen Aufgaben bewertet werden. Beim dritten Test findest du dazu genaue Angaben.
Am Ende steht der Originaltest aus dem Jahr 2016, den du ohne weitere Hilfestellung bearbeiten sollst. Wenn du dieses Buch gründlich durchgearbeitet hast, wird das kein Problem sein – und du bist fit für die Realschulabschlussprüfung 2018.

A 2 Hörverstehen *(Listening Comprehension)*

Bei Hörverstehensaufgaben geht es darum, Informationen aus Hörtexten zu entnehmen, die als Tondokument (z. B. auf CD) vorgespielt werden. Sie kommen manchen Schülern schwer vor, weil das Tempo, in dem der Text verstanden werden muss, vorgegeben ist. Du kannst also nicht „noch einmal nachlesen" wie bei einem schriftlichen Text. Außerdem klingen die Wörter je nach Herkunft des Sprechers vielleicht auch etwas ungewohnt und du verstehst ein Wort nicht auf Anhieb richtig.

Deshalb solltest du Strategien entwickeln, um dennoch möglichst viel auf einmal zu erfassen. Es ist wichtig, dass du gut vorbereitet bist.

1. Überlege schon bevor der Text vorgespielt wird, was du über das Thema weißt und was du in dem Text möglicherweise Neues erfahren könntest. Du solltest von vornherein eine Vorstellung von dem Thema haben, um das es in dem Hörtext wahrscheinlich gehen wird. Wenn du das weißt, ist es gar nicht mehr so wichtig, wenn du einzelne Wörter nicht verstehst.
2. Ebenso wichtig wie das Thema ist auch, dass du dir klar machst, worauf genau du beim Hören achten sollst, d. h., wonach du gefragt wirst. Da du jeden Hörtext in der Prüfung nur zweimal hören wirst, ist es von großer Bedeutung, dass du schon vorher genau weißt, welche Informationen für dich besonders wichtig sind. Lies die Aufgabenstellung aufmerksam, bevor der Hörtext vorgespielt wird.
3. Du solltest dir vorher schon überlegen, auf welche Schlüsselwörter du achten musst. Wenn du z. B. erfahren willst, wie das Wetter am nächsten Tag in London wird, dann solltest du gezielt auf die Wörter „weather", „London" und „tomorrow" achten. Bedenke aber auch, dass vielleicht nicht genau das Wort gewählt wird, das du dir überlegt hast, dass beispielsweise statt „London" auch „the capital of Great Britain" oder statt „tomorrow" der entsprechende Wochentag gesagt werden könnte.

TIPP three steps

Step 1: Lies die Aufgabenstellung genau, um die Situation zu verstehen.
Step 2: Mache dir klar, nach welcher Information im Hörtext du suchen sollst.
Step 3: Überlege dir, welche Begriffe du im Zusammenhang mit dieser Information erwartest.

Es gibt in der Realschulabschlussprüfung **drei verschiedene Arten von Hörverstehen**:
- selektives Hörverstehen: eine bestimmte Information entnehmen
- globales Hörverstehen: den Hauptgedanken verstehen, nicht alle Details
- detailliertes Hörverstehen: das Gehörte genau und in allen Einzelheiten verstehen

Worum es dabei geht und was genau du tun musst, erfährst du in den folgenden Abschnitten.

A 2.1 Selektives Verstehen

Beim selektiven Hörverstehen geht es darum, aus einem längeren Hörtext die Antwort auf eine ganz bestimmte Frage herauszuhören. Du kennst das natürlich auch in der Muttersprache. Wenn du etwa am Bahnhof stehst und eine Ansage hörst, interessiert dich das meiste davon nicht. Es sind Geräusche, die du zwar „hörst", aber eben nicht bewusst aufnimmst. Hörst du aber etwas, das die Abfahrtszeit deines Zuges betrifft, nimmst du diese Information bewusst auf, um zu erfahren, ob der Zug pünktlich sein wird. Du „selektierst", wählst also aus, was dich interessiert und was nicht.

In der Regel sind die ersten Hörverstehensaufgaben in der Realschulabschlussprüfung vom Typ „selektives Verstehen", du sollst also gezielt eine Information aus dem Hörtext heraushören. Du musst die Aufgabe genau lesen, damit du weißt, welche Information dies ist. Meistens wirst du in eine Situation versetzt, in der eine oder mehrere Personen eine Ansage (etwa auf Bahnhöfen, Flughäfen, in Kaufhäusern, auf dem Anrufbeantworter) oder auch einen Wetterbericht oder den Verkehrsservice hören. Darin sind für sie wesentliche Informationen enthalten. Wenn du die Aufgabenstellung sorgfältig liest, weißt du, um welche Situation es sich handelt und nach welchen Informationen du in dem Hörtext suchen sollst. Wenn dir das klar ist, dann kannst du auch Schlüsselwörter benennen, die dir wahrscheinlich bei der Lösung der Aufgabe helfen werden und auf die du achten musst. Falls dir eines der Schlüsselwörter nicht auf Englisch einfällt, kannst du es im zweisprachigen **Wörterbuch** nachschlagen. Aber Vorsicht: Das Nachschlagen kostet viel wertvolle Zeit! Es ist besser, mit den Wörtern zu arbeiten, die du kennst.

Die Aufgaben haben in der Regel das Format „Multiple Choice“ oder *„true/false“*. Du musst also die richtige Auswahl treffen und das Zutreffende mit einem Häkchen versehen. Normalerweise musst du dich bei diesen Aufgaben für **eine** richtige Lösung entscheiden. Wenn es bei Multiple-Choice-Aufgaben mehrere richtige Lösungen gibt, ist das extra angegeben.
Probiere dies einmal an folgendem Beispiel aus:

Beispiel 1: **CD: Track 1**

John Barton lives in the east of Ireland and he is planning a barbecue with friends for tonight. He listens to the weather forecast to find out if that is a good idea.

Step 1: Welche Situation ist gegeben?

Barbecue tonight, east of Ireland, weather forecast

Step 2: Was will John Barton (was sollst du) herausfinden?

Will the weather be good enough for a barbecue?

Step 3: Auf welche Begriffe musst du achten?

Ireland, east, cloudy, rain, showers, wind, temperature

Wenn du dir jetzt das Hörbeispiel anhörst, wird es dir nicht schwerfallen, die folgende Aufgabe zu bewältigen:

Tick ✔ true or false.	**true**	**false**
1. It is going to rain in the east of Ireland tonight.	○	○
2. There will be very strong winds.	○	○
3. It's a good day for a barbecue.	○	○

Mit dem nächsten Beispiel kannst du es jetzt selbst versuchen.
Denke an die Tipps auf der vorherigen Seite.

Beispiel 2: **CD: Track 2**

Peter and Susan want to travel to Ramsgate by train. Their train is scheduled to leave from platform 2 at 17:52. Listen to the following announcement to find out about their journey.

Step 1: Welche Situation ist gegeben?

____

____

Step 2: Was wollen Peter und Susan (was sollst du) herausfinden?

____

____

Step 3: Auf welche Begriffe musst du achten?

____

____

Nun löse die Aufgabe (Multiple Choice):

Tick the right statement.

1. The train is going to be ...
   a) ◯ on time.
   b) ◯ 10 minutes early.
   c) ◯ half an hour late.

2. It is going to run ...
   a) ◯ from platform 2.
   b) ◯ from platform 5.
   c) ◯ from platform 1.

3. They have to ...
   a) ◯ change at Faversham.
   b) ◯ take the bus from Margate.
   c) ◯ stay on the train until it reaches Ramsgate.

Lass dich nicht durch die vielen Details verwirren. Du weißt ja aus der Aufgabenstellung, auf welche Wörter (z. B. Ortsnamen) du dich konzentrieren musst.
Du siehst: Wenn du die ***three steps*** anwendest, fällt die Lösung der eigentlichen Aufgabe gar nicht mehr so schwer.

A 2.2 Globales Verstehen

Diese Form des Hörverstehens macht in der Regel den zweiten Teil der Hörverstehensübungen aus. Hier sollst du zeigen, dass du den **Hauptgedanken** eines Hörtextes erfassen kannst. Du sollst also beispielsweise herausfinden, wer mit wem spricht und worüber gesprochen wird. Details sind nicht so wichtig.
Auch hier wird dir eine Situation vorgegeben, die du genau lesen solltest. Denn in der Situation sind in der Regel bereits Hinweise auf die Lösung der Aufgabe enthalten. Lies also die Aufgaben vor dem Vorspielen des Hörtextes genau durch und überlege vorher, was du tun sollst und worauf du achten musst. Die Aufgaben in diesem Teil sind entweder auch als Multiple Choice gestaltet, als Lückentext *(gap filling)* oder als eine zu ergänzende Tabelle *(chart)*, in die einzelne Wörter oder Stichpunkte eingetragen werden sollen.

Beispiel 3: **CD: Track 3**

You are going to hear two people talking about a special day in Britain. Find out who is talking, what day they are talking about and what is special about it.

Wende zunächst die ***three steps*** an:

Step 1: Welche Situation ist gegeben?

____

____

Step 2: Was sollst du herausfinden?

____

____

Step 3: Auf welche Begriffe musst du achten?

____

____

Und nun löse die Aufgabe.

Complete the following summary of the conversation:

Somebody from ______________ interviews Nicola, who lives in ______________

____

Nicola tells him about ______________, which is on ______________

______________.

She explains that the name comes from Victorian times, when rich people ______________

____

A 2.3 Detailliertes Verstehen

Im dritten Teil der Hörverstehensaufgaben geht es um das detaillierte Verstehen. Hierbei sollst du zeigen, dass du einige der **Detailinformationen,** die der Text präsentiert, erkennen und wiedergeben kannst. Damit ist diese Form des Hörverstehens wohl auch die anspruchsvollste. Die ***three steps*** gelten natürlich auch hier: Der thematische Rahmen und das Wissen über das, worauf du beim Hören achten sollst, sind schon „die halbe Miete".
Eine weitere Strategie, die dir sicher hilft, besteht darin, gezielt auf bestimmte **Signalwörter** zu achten, die dir z. B. zeigen, ob ein Sprecher *für* oder *gegen* etwas ist, oder die markieren, dass ein Aspekt durch einen anderen ergänzt werden soll. Signalwörter sagen dir schon eine ganze Menge, ohne dass du inhaltlich viel verstehen musst.
Stell dir vor, folgender Dialog hat mit dem Thema „Should smoking be forbidden?" zu tun, und deine Aufgabe ist es, die Positionen der Sprecher zu diesem Thema herauszufinden:

John: "Yes, I really think blablablablabla …"

Bill: "I can't agree with that. Although blablabla, on the other hand …"

Peter: "Yes, that's right. Apart from that, blablabla …

Ohne das „blablabla" verstanden zu haben, kannst du bereits vieles feststellen: John ist wohl gegen das Rauchen und begründet dies. Bill ist anderer Meinung. Er stimmt John zwar in einem Punkt zu, nennt aber dann ein Gegenargument. Peter stimmt ihm da zu und hat noch ein weiteres Argument.
Wenn du die *three steps* angewendet und dir die Aufgabe genau angesehen hast, weißt du, dass du zu diesem Text eine *matching*-Aufgabe lösen sollst, die etwa so lauten könnte:
- Choose the correct speaker for each statement.
- There is one more statement than there are speakers.

A	I don't really know about that.	Peter
B	Smoking kills. It should be made illegal.	Bill
C	Smoking is a filthy habit, but everybody should decide for him/herself whether to smoke or not.	John
D	There are too many regulations already.	

Diese *matching*-Aufgabe könntest du jetzt lösen, ohne die einzelnen Äußerungen im Detail verstanden zu haben, oder? Versuche, den Sprechern die Äußerungen zuzuordnen.

Lösungshilfe

Wenn du im Lösungsheft nachsiehst und feststellen solltest, dass deine Zuordnungen falsch sind, dann liegt das wahrscheinlich daran, dass du nicht genau hingesehen hast: Die Sprecher äußern sich ja zu der Frage „Should smoking be forbidden?". Wenn Bill also dagegen ist, dann ist er nicht gegen das Rauchen, sondern dagegen, dass es verboten wird. Er ist also wahrscheinlich selbst Raucher! Wenn du richtig gelegen hast: herzlichen Glückwunsch!

Du siehst also, ***signal words*** können ausgesprochen hilfreich sein.
Deshalb solltest du dir jetzt ein wenig Zeit nehmen und selbst überlegen, welche *signal words* du kennst und diese danach ordnen, in welcher Art von Hörtexten du sie mit hoher Wahrscheinlichkeit erwarten kannst. Ergänze die Liste auf Seite 18.

Lösungshilfe

Im Lösungsheft findest du eine Liste von *signal words,* die du dann abgleichen kannst. Versuche aber unbedingt zuerst selbst, die Liste auf Seite 18 zu ergänzen, denn es ist auf jeden Fall besser, wenn du selbst einige nennen kannst und auch weißt, was sie bedeuten und wie sie in einem Satz funktionieren.

1. Begriffe, die einen **zeitlichen Zusammenhang** deutlich machen, wenn etwa jemand etwas erzählt oder berichtet (z. B. Nachrichten, Interviews):

   first, then, ___

   before ___

   ___

   ___

2. Begriffe, mit denen **logische Zusammenhänge** verdeutlicht werden, wenn etwa jemand etwas erklärt (z. B. Stellungnahmen in Interviews, „wissenschaftliche" Erklärungen etwa zu Themen wie *global warming):*

   therefore, because, although, ___

   ___

   ___

   ___

3. Begriffe, mit denen **Zustimmung ausgedrückt** wird, etwa in einer Diskussion oder einem Streitgespräch:

   ___

   ___

   ___

   ___

4. Begriffe, mit denen **Ablehnung ausgedrückt** wird:

   ___

   ___

   ___

Diese Begriffe werden dir auch später sehr nützlich sein, wenn es darum geht, dass du eigene Texte verfassen sollst (Kapitel A 6 „Schreiben in der Abschlussprüfung"). Daher lohnt sich der Aufwand, dir solche *signal words* genau einzuprägen, in doppelter Hinsicht: Du kannst den Inhalt von Hörverstehenstexten (und natürlich auch Leseverstehenstexten) zumindest zum Teil erschließen – und du kannst strukturierte Texte selbst produzieren.

A 2.4 Wie kannst du trainieren?

Wenn du die in diesem Kapitel vorgestellten Hilfen konsequent anwendest, wirst du die in Teil B vorgestellten Hörverstehensaufgaben sicher gut lösen können. Du musst dir aber auch selbst helfen! Denn eines kann dieses Buch dir nicht vermitteln: das Gefühl für die englische Sprache und deren Klang. Dieses Gefühl kann nur entstehen, wenn du häufig mit der Sprache in Kontakt bist.
Das ist gar nicht schwer: Du musst es nur tun!

Einige Beispiele:

1. Wenn du Musik magst, warum stellst du nicht einfach einen englischsprachigen Sender ein und hörst bei den Ansagen und Beiträgen zwischen den Songs etwas bewusster zu? Du wirst sicher „global" verstehen, worum es geht. Du könntest auch bei den Songs, die dir gefallen, versuchen zu verstehen, worum es geht. Bei ihnen werden Schlüsselwörter häufig mehrfach

wiederholt und sind deshalb leicht zu erschließen.

2. Sieh dir die Nachrichten in einem deutschen Sender an, damit du eine Vorstellung von den Themen des Tages bekommst. Anschließend verfolge die *news* in einem englischsprachigen Sender und versuche, herauszufinden, ob du die Themen wiedererkennen kannst – global – und vielleicht auch ein wenig detaillierter.

3. Höre bewusst den Wetterbericht im englischsprachigen Radio oder Fernsehen an. Stell dir vorher selbst eine Aufgabe wie etwa diese: Ich möchte wissen, wie die Temperaturen morgen in London (New York) sind.

4. Schau dir doch einmal einen Film, den du recht gut kennst, auf Englisch an (zumindest in Teilen). Oder lass den Film laufen, schalte das Bild ab, schalte auf schnellen Vorlauf, halte an einer beliebigen Stelle an und versuche, herauszuhören, an welcher Stelle des Films du bist und wer gerade mit wem worüber spricht. Wenn dir das noch sehr schwer fällt, schalte beim ersten Schauen die englischsprachigen Untertitel mit ein und versuche, Sprache und Schrift zu verbinden. Schau dir dann die gleiche Szene noch einmal ohne Untertitel an und versuche, wenn das gut geklappt hat, nach dem „Einhören“ den weiteren Film ohne Untertitel anzusehen.

5. Es gibt auch im Internet unzählige Quellen für Hörtexte: Blogs, Internetradiosender, kurze Filme auf YouTube usw., die du bewusst aufrufen, ansehen und anhören kannst.

6. Speziell für Englischlerner werden auf einer Reihe von Websites *listening comprehension*-Beispiele angeboten, zum Teil sogar mit dazugehörigen Aufgabenstellungen. Klick mal rein! Auch wenn die Aufgaben nicht immer so sind wie für die Realschulabschlussprüfung vorgesehen – für dein Hörverstehenstraining sind die Beispiele sicher hilfreich.

7. Falls du jemanden kennst, dessen Muttersprache Englisch ist oder der/die gut Englisch sprechen kann, bitte ihn oder sie, mit dir viel Englisch zu sprechen. Je mehr Englisch du hörst, desto leichter wird es für dich, die Hörtexte zu verstehen. Falls du niemanden kennst, verabrede mit einem Klassenkameraden, dass ihr euch an einem Nachmittag in der Woche nur auf Englisch unterhaltet. Das hilft euch beiden als Training für die Realschulabschlussprüfung.

A 3 Leseverstehen *(Reading Comprehension)*

Beim Leseverstehen geht es darum, zu zeigen, dass du die Hauptaussagen aus einem schriftlichen Text entnehmen kannst. Hierzu sind verschiedene Arbeitsschritte sinnvoll: Aktiviere dein Vorwissen zum Thema, das macht es leichter, den fremdsprachlichen Text zu verstehen. Darüber hinaus ist es wichtig, dir genau anzusehen, welche Informationen du aus dem Text benötigst, um die Aufgaben zu beantworten, damit du gezielt danach suchen kannst. Außerdem solltest du lernen, dir die Bedeutung möglichst vieler Wörter zu erschließen, ohne dafür immer das Wörterbuch zu benutzen. Wie du das alles üben kannst, erklären die nächsten Abschnitte.

A 3.1 Arbeitstechnik: Vorwissen aktivieren

Es geht hier um eine Arbeitstechnik, die du automatisch anwendest, wenn du in deiner Muttersprache liest. Meistens merkst du es nicht einmal. Beim Lernen einer Fremdsprache konzentriert man sich oft auf Dinge wie z. B. unbekannte Vokabeln oder schwierige Grammatik. Dadurch denkt man häufig nicht an Selbstverständlichkeiten wie beim Textverstehen in der Muttersprache. Es erleichtert das Verstehen, wenn du, bevor du mit dem Lesen beginnst, darüber nachdenkst, was du von dem Text erwartest, den du lesen sollst.

Schau als Erstes auf den **Titel** und überlege, worum es wohl in dem Text geht und was du zu dem Thema schon weißt. Dabei helfen auch eventuell vorhandene **Bilder.** Es kann auch nützlich sein, wenn du dir ansiehst, woher der Text kommt oder was für eine **Art von Text** es ist.

Beispiel 1:

Dir liegt ein Text mit dem Titel „Boomerang" vor. Er enthält auch ein Foto des betreffenden Gegenstandes. Des Weiteren siehst du, dass es sich um einen Text aus *Wikipedia* handelt. Die Quelle findet man meistens unter dem Text (oft klein gedruckt), manchmal auch direkt unter dem Titel.

Auf der Basis dieser Informationen, die du mit einem Blick erfassen kannst, weißt du, worum es in dem Artikel geht. Du erwartest eine Beschreibung dieses Gerätes. Du kannst nun überlegen, was du alles schon über einen Bumerang weißt. Es fällt dir dann beim Lesen leichter, das schon Bekannte auch in der Fremdsprache zu verstehen. Als nächsten Schritt kannst du überlegen, welche englischen Begriffe du in diesem Zusammenhang schon kennst oder in dem Text erwartest, z. B. *wood, stick, weapon, sport, throw, return, shape*. Mit diesem Vorwissen und diesen Erwartungen ist es nicht mehr so schwer, den folgenden Text zu verstehen:

Boomerang

A boomerang is a curved piece of wood used as a weapon and for sport. Boomerangs come in many shapes and sizes depending on their geographic or tribal[1] origins and intended function. The most recognizable type is the returning boomerang, which is a throwing stick that travels in an elliptical path and returns to its point of origin when thrown correctly. Although non-returning boomerangs [...] were used as weapons, returning boomerangs have been used primarily for leisure or recreation[2]. Modern returning boomerangs can be almost any size or shape and are made from a variety of materials.

Historical evidence also points to the use of non-returning boomerangs by the ancient Egyptians, Native Americans of California and Arizona, and inhabitants of southern India for killing birds and rabbits. Indeed, some boomerangs were not thrown at all, but were used in hand-to-hand combat by indigenous Australians[3]. Boomerangs can be variously used as hunting weapons, percussive musical instruments, battle clubs[4], fire-starters, decoys[5] for hunting waterfowl[6], and as recreational play toys. The smallest boomerang may be less than 10 cm from tip to tip, and the largest over 2 meters in length. Tribal boomerangs may be inscribed and/or painted with designs meaningful to their maker. Most boomerangs seen today are of the tourist or competition sort, and are almost invariably of the returning type.

Quelle: http://en.wikipedia.org/wiki/Boomerang (6.7.09)

1 **tribal** – adjective of tribe
2 **recreation** – free-time activity, something that you do for fun
3 **indigenous Australians** – Australian aborigines
4 **battle clubs** – sticks used for fighting
5 **decoys** – dt.: Köder
6 **waterfowl** – birds that can swim (such as ducks)

Training A 3.1: Vorwissen aktivieren

Versuche es einmal selbst mit einem anderen Text.

Stelle dir vor, du bekommst als Prüfungsaufgabe einen Text aus *Wikipedia* mit dem Titel „Nurse“.

1. Worum geht es in dem Text deiner Ansicht nach?

____

2. Was weißt du schon zu diesem Thema? Notiere stichpunktartig.

____

____

____

3. Welche englischen Wörter könnten im Text vorkommen? Notiere sie.

____

____

TIPP

Das, was du hier zum Training notierst, musst du so automatisieren, dass es in Zukunft auch ohne Aufschreiben in deinem Kopf abläuft.

4. Nun lies den Text:

Nurse

A nurse is a person who is trained to give care (help) to people who are sick or injured. Nurses work with doctors and other health care workers to make patients well […] and to keep them healthy. […]

Nursing is a profession, like being a doctor, but training for a nurse is different in how long a person must train and what kind of training they need. In some places, nurses may train for three to five years or more before they get a license as a nurse.

Nurses work in many places. Nurses work in hospitals, in doctors' offices, and in the community, and they even visit people at home. […]

Sometimes people decide to become nurses rather than doctors, because the nurses will be able to help patients directly, by talking to them, doing things they need, carefully watching that nothing goes wrong, and then seeing them as they get better.

Like doctors, nurses can specialize in what work they do. Some nurses train and work to help during surgery. Some nurses train to help people understand health problems like nutrition (what to eat), and disease (what can make people sick). Nurses can do many different jobs to help people.

Nurses are in demand because there are not enough nurses to handle hospital needs. […]

Quelle: http://simple.wikipedia.org/wiki/Nurse (12.1.2017)

5. Überprüfe, ob sich bestätigt, was du im ersten Schritt vermutet hast. Sollte das nicht der Fall sein, so überlege, warum du etwas anderes vermutet hast und ob deine Erwartungen an einen Text mit diesem Titel und der Textsorte „Enzyklopädieartikel" wirklich sinnvoll waren.

A 3.2 Arbeitstechnik: Gemäß Aufgabenstellung lesen

Nachdem du deinen Prüfungstext ein erstes Mal gelesen hast, schau dir die Aufgaben und Fragen sorgfältig an. Es ist sehr wichtig zu verstehen, wonach genau gefragt ist. Geht es z. B. darum, **gezielt nach konkreten Informationen zu suchen oder bestimmte Fakten aus dem Text zu entnehmen,** musst du an der entsprechenden Textstelle nachlesen und die gemeinte Information erkennen. Dabei kann es dir helfen, wenn du die Textstelle oder die Wörter markierst, die hier wichtig sind. Wenn bei dem Wikipedia-Text über den Bumerang (S. 20) z. B. gefragt würde „What types of boomerang are mentioned in the text?", findest du den ersten Hinweis durch das Wort „type" in Zeile 7. Nun kannst du „returning" und „non-returning boomerang" markieren und anschließend die Frage beantworten.

Wenn es darum geht, **Zusammenhänge zu verstehen,** musst du eventuell einen oder mehrere Sätze lesen und verstehen, die sich möglicherweise sogar an unterschiedlichen Stellen im Text befinden. Stelle dir zum Bumerang-Text folgende Frage vor:

„What can a boomerang be used for? – It can be used for ______________________
(2 categories)"

Um sie zu beantworten, reicht es nicht, einen bestimmten Satz zu finden, weil der Artikel an unterschiedlichen Stellen darauf hinweist, wozu und wie ein Bumerang gebraucht wird, nämlich in:

- Zeile 2–3: „... used as a weapon and for sport"
- Zeile 12–15: „ ... used as weapons, for leisure or recreation"
- Zeile 20–24: „ ... use ... for killing birds and rabbits"
- Zeile 26–27: „ ... used in hand-to-hand combat"
- Zeile 28–33: „ ... used as hunting weapons, percussive musical instruments, battle clubs, fire-starters, decoys for hunting waterfowl, and as recreational play toys"

Hier musst du die Zusammenhänge erkennen, sonst würdest du das eventuell alles aufzählen. Die Antwort wäre dann nicht richtig, weil sich einiges wiederholt und weil nur nach zwei Kategorien gefragt ist. Du musst wissen und verstehen, was einander zugeordnet werden kann. Das wird ganz deutlich bei „weapon". Waffen kann man zum Kampf verwenden (Zeile 26–27: „combat") und zur Jagd (Zeile 29: „hunting weapons"). Jetzt musst du noch erkennen, dass „battle clubs" (Zeile 30) ebenfalls Waffen sind und dass „killing birds and rabbits" und „decoys for hunting waterfowl" mit der Jagd zu tun haben. Wie du sicherlich weißt, wird die Jagd als Sport angesehen, gehört also in die Kategorie Sport (Zeile 3). Es bleiben noch einige Begriffe übrig, die sich jedoch ebenfalls leicht sortieren lassen: In Zeile 14–15 wird „leisure or recreation" erwähnt, es geht also um Freizeit, Entspannung, Unterhaltung. Hierzu gehören natürlich Sport, aber auch Musik (Zeile 29–30: „percussive musical instruments") und Spiel (Zeile 32–33: „recreational play toys"). Freizeitaktivität ist also die zweite Hauptkategorie neben Kampf. Die richtige Antwort könnte lauten: „It can be used for fighting and for fun."
Anstelle von „fighting" kannst du einen ähnlichen Begriff verwenden, z. B. „war" oder „combat", anstelle von „fun" kannst du „recreation" oder „freetime activities" einsetzen.t

A 3.3 Arbeitstechnik: Wörter erschließen

Wenn du Texte in einer Fremdsprache liest, wird es immer wieder vorkommen, dass du auf Wörter triffst, die du nicht kennst. Das kommt sicher auch gelegentlich in deiner Muttersprache vor, ist also etwas ganz Normales und sollte dir keine Angst machen. Manchmal ist es nicht so wichtig, jedes einzelne Wort zu verstehen, weil man den Gesamtzusammenhang auch ohne dieses Wort versteht.

Ein Beispiel:

> Historical evidence also points to the use of non-returning boomerangs by the ancient Egyptians, Native Americans of California and Arizona, and inhabitants of southern India for killing birds and rabbits. Indeed, some boomerangs were not thrown at all, but were used in hand-to-hand combat by indigenous Australians.

Möglicherweise kennst du das Wort „indeed“ in der sechsten Zeile nicht. Das stellt aber kein Problem dar, weil du die Aussage des Absatzes auch ohne dieses Wort verstehst. Es ist für die Beschreibung des Bumerangs nicht wichtig.

Manchmal allerdings ist ohne ein bestimmtes Wort die Information, die du gerade suchst, nicht zu entschlüsseln. In diesem Fall kannst du das Wort im Wörterbuch nachschlagen.
Du darfst in der Prüfung ein zweisprachiges Wörterbuch nutzen, allerdings ist es lästig und zeitaufwändig, dauernd Wörter nachzuschlagen. Oft ist das auch gar nicht notwendig, weil du mit dem Wissen, das du hast, oder mit dem, was du schon verstanden hast, die Bedeutung von einzelnen unbekannten Wörtern erschließen kannst. Du musst nur Ruhe bewahren und einen Augenblick nachdenken.

TIPP

Ruhe bewahren!!!

Häufig hilft es schon, den ganzen Satz oder auch mehrere Sätze zu lesen, um das betreffende Wort zu verstehen. So funktionieren ja auch Lückentexte, die du aus dem Unterricht sicherlich kennst und in denen du Wörter in eine Lücke einträgst, weil du den Zusammenhang verstehst. Genauso kannst du auch **die Bedeutung eines Wortes aus dem Zusammenhang erschließen,** geradeso, als wäre an dieser Stelle eine Lücke. Damit lernst du zugleich auch das englische Wort, wenn du die Bedeutung aus dem Zusammenhang verstanden hast.

Mit ein wenig Nachdenken kannst du **die Bedeutung eines Wortes** oft sogar **aus dem Deutschen erschließen.**

Wenn du **weitere Sprachen** kennst, z. B. weil in deiner Familie eine andere Sprache (Italienisch, Griechisch, Türkisch usw.) gesprochen wird oder weil du weitere Sprachen in der Schule oder außerhalb lernst (z. B. Französisch), kannst du auch über diese Sprachen Verbindungen finden, denn auch hier gibt es Ähnlichkeiten. Hierzu zwei Beispiele:
- Im Bumerang-Text taucht das Wort „tribe“ („tribal“, Zeile 5) auf. Im Französischen gibt es das gleiche Wort als „tribu“.
- Im gleichen Text steht „origin“ (Zeile 10). Im Italienischen heißt das „origine“.

Schließlich kannst du auch aus der Form von Wörtern auf ihre Bedeutung schließen, wenn es sich nämlich um abgeleitete Formen aus anderen Wörtern handelt, die du schon kennst. Noch einmal nehmen wir den Bumerang-Text als Beispiel:
- Zeile 23: southern – Wenn du das Wort „south“ kennst, verstehst du auch „southern“ (Süden ➜ südlich).
- Zeile 29: percussive – Du kennst wahrscheinlich das Wort „percussion“ (wird heute auch im Deutschen für Schlaginstrumente gebraucht), und auch im Deutschen kann man aus einem Nomen mit der Endung „-iv“ ein Adjektiv bilden: Aggression ➜ aggressiv. Hier im Englischen: percussion ➜ percussive.

- Zeile 32: recreational – „-al“ ist ebenfalls eine Endung, die aus einem Nomen ein Adjektiv macht: recreation ➛ recreational.
- Zeile 38: meaningful – Das Gleiche gilt für die Endung „-ful“: meaning ➛ meaningful.

Training zu A 3.3: Wörter erschließen

Versuche nun, diese Techniken zur Erschließung von unbekannten Wörtern auf den folgenden Text anzuwenden. Lies zunächst den gesamten Text, um diesen Ausschnitt aus einer Geistergeschichte global zu verstehen. Wende dich erst danach den Wörtern zu, die du nicht kennst. Welche kannst du mithilfe der Techniken in der Checkliste selbst erschließen? Falls du Schwierigkeiten hast, folgen einige Hilfestellungen nach dem Text. Schreibe die unbekannten Wörter auf ein Extrablatt und schreibe dann daneben, welche Bedeutung du vermutest.

CHECKLISTE Wörter erschließen

Bei unbekannten Wörtern solltest du dir folgende Fragen stellen:

1. Kannst du das Wort aus dem Zusammenhang erschließen?
2. Kannst du das Wort aus der Muttersprache (oder einer anderen Sprache, die du kennst) erschließen?
3. Hilft dir deine Kenntnis von Wortbildungsregeln? Kennst du vielleicht ein ähnliches Wort?

He lay there in the darkness, paralysed with fear. He could hear the footsteps getting closer, knowing they were carrying something evil. He tried to move, to defend himself or make his escape, but his muscles wouldn't respond. He tried to shout but even his lungs wouldn't oblige. The footsteps had stopped now; the door handle creaked as it turned. The door slowly opened, he saw the glint of the knife in the moonlight, and finally he cried out ...

His mother woke him. He was covered in sweat, his heart pounding as if it would explode.

"I must have been having that nightmare again", he said.

Quelle: http://www.english-the-international-language.com/reading/reading2.html (adapted)

Lösungshilfen

- Zeile 1–2: paralysed – Versetze dich in die Lage des Jungen: Wie fühlt er sich? Das Wort „fear“ gibt dir einen deutlichen Hinweis. Vielleicht kennst du auch das im Deutschen verwendete Fremdwort „paralysiert“ (= gelähmt)?
- Zeile 4: evil – Auch hier hilft dir der Sinnzusammenhang. Es muss um etwas Negatives gehen, da es Angst verursacht.
- Zeile 5: defend – Wiederum ist der Zusammenhang wichtig. Warum will er sich bewegen, um was zu tun? Und du kennst sicher im Deutschen das Wort „Defensive“ (= Verteidigung).
- Zeile 6: muscles – Schau dir das Wort genau an. Welches deutsche Wort findest du darin wieder?
- Zeile 7: respond – Was vermutest du: Was tun seine Muskeln in dieser Situation nicht? Wenn du Französisch lernst, kennst du wahrscheinlich das Verb „répondre“. Das hilft dir auch weiter. Oder du kennst im Deutschen das Fremdwort „Respons“ (= Reaktion).

- Zeile 8: lungs – Das deutsche Wort ist ganz ähnlich: Lunge!
- Zeile 8: oblige – Wenn du den Zusammenhang und den Satz genau betrachtest, siehst du, dass der Junge unterschiedliche Dinge versucht (sich verteidigen oder weglaufen im vorhergehenden Satz, schreien in diesem Satz). Dann folgt aber eine verneinte Aussage. Du weißt schon, dass die Muskeln nicht reagieren, also kannst du schließen, dass mit der Lunge Ähnliches geschieht, dass er also auch nicht schreien kann. „Oblige" ist also hier das Gleiche wie „respond", der Autor versucht nur, nicht zweimal dasselbe Wort zu benutzen.
- Zeile 10: handle – Im Zusammenhang mit „door" kann das nur die Klinke sein. Denke auch an das Verb „handeln", das aus dem Englischen entlehnt ist. Es bedeutet „etwas gebrauchen".
- Zeile 10: creaked – Da es dunkel ist, muss es sich um ein Geräusch handeln. Welches Geräusch macht eine Türklinke?
- Zeile 12: glint – Im Mondlicht kann er etwas sehen, das von einem Messer herrührt. Was denkst du, was man im Mondlicht sieht? Es gibt zudem das deutsche Wort „glitzern".
- Zeile 13: finally – Es gibt die deutschen Wörter „final" oder „Finale", es hat immer etwas mit dem Ende zu tun.
- Zeile 15: sweat – Der Sinnzusammenhang hilft weiter: Wie reagiert der Körper bei großer Angst? Im Deutschen haben wir das Wort „Sweatshirt".
- Zeile 15: pounding – Die Endung „-ing" zeigt dir, dass es nicht um das Nomen „pound" (= Pfund) geht, sondern um das Verb „pound", also um eine Tätigkeit. Im Zusammenhang mit dem Herzen ist offensichtlich, worum es geht.

A 4 Sprachgebrauch *(Use of Language)*

A 4.1 Sprachmittlung *(Mediation)*

In der Realschulabschlussprüfung ist es unter anderem deine Aufgabe, Inhalte vom Englischen ins Deutsche und vom Deutschen ins Englische zu übertragen. Das bedeutet, dass du in einer Aufgabe beispielweise einem englischen Text wichtige Informationen entnehmen und auf Deutsch wiedergeben sollst. Daran könnte sich im zweiten Schritt die Wiedergabe wesentlicher Aspekte eines weiteren Textes in Englisch anschließen. Es kann aber auch sein, dass du in einem anderen Aufgabentyp der Sprachmittlung die Aufgabe bekommst, in einer dialogischen Situation zwischen mehreren Personen auf Deutsch und Englisch zu vermitteln.
Wichtig in beiden Fällen ist, dass du dich beispielsweise nicht an die im Text vorgegebenen Satzstrukturen halten musst. Deine Aufgabe ist es, dem Text die wichtigen **Informationen** zu **entnehmen** und dann in deinen eigenen Worten entweder auf Deutsch oder auf Englisch wiederzugeben. In manchen Aufgaben musst du sogar nur in Stichpunkten antworten. Aber natürlich müssen diese klar und aussagekräftig formuliert sein. Du kannst als Hilfsmittel ein zweisprachiges Wörterbuch benutzen, aber du solltest versuchen, nicht jedes einzelne Wort nachzuschlagen. Das kostet zu viel Zeit.

Arbeitstechnik: Sprachmittlung
Dir ist immer entweder eine Situation oder ein Text vorgegeben. Solltest du in einer Situation vermitteln müssen, gibt dir ein kurzer einleitender Text eine Information darüber, worum es geht und wo du dich befindest, also die **Rahmensituation.** Das können ganz unterschiedliche Situationen sein, wie beispielsweise an einem Bahnschalter, in einer Bank oder in einem Restaurant. Auch wird dir gesagt, welche Personen vorkommen. Danach überfliegst du am besten erst einmal den ganzen Text, also die Sätze, die du später vermitteln sollst. Du erkennst an den Vorgaben, ob du vom Deutschen ins Englische oder vom Englischen ins Deutsche vermitteln sollst. Dann beginne mit den **Übersetzungen.** Oft sollst du das zuvor von einer anderen Person Gesagte übersetzen. Lies immer den auf deine Übersetzung folgenden Text durch. Dies kann dir eine Hilfe sein. Achte auch auf nur kurze Wortäußerungen, da dir diese die Sprechsituation zusätzlich verdeutlichen.

Solltest du in der Abschlussarbeit einen längeren englischen Text bekommen, wird es deine Aufgabe sein, aus diesem Text wichtige Informationen herauszufiltern. Diese sollst du dann an eine weitere Person **auf Deutsch** vermitteln. Hier wird dir die Aufgabe gestellt, Fragen zum Text zu beantworten. Dies kann in ganzen Sätzen erfolgen oder nur in Stichpunkten. Auch hier ist es wichtig, dass du zuerst auf die einleitenden Sätze schaust. Diese geben dir einen Überblick, worum es in dem Text geht, und liefern die **Rahmensituation,** also wen du informieren sollst. Danach solltest du den Text durchlesen und somit einen Überblick erhalten, worum es geht. Anschließend schaust du dir die Aufgaben an, die du mithilfe des Textes lösen sollst. Lies sie genau durch. Gibt es **Schlüsselwörter,** die du vielleicht im Text findest? Lies hierfür nun den Text sehr sorgfältig durch und markiere dir die wichtigen Inhalte im Text. Es ist nicht schlimm, wenn du bei einigen Wörtern noch nicht sicher bist, was sie bedeuten. Jetzt kannst du dich an die Beantwortung der gestellten Fragen **auf Deutsch** machen.

Im zweiten Teil der Aufgabe hat die zuvor von dir informierte Person dann Fragen an dich, die du vom Deutschen **ins Englische** übertragen musst. Du sollst damit beispielsweise ein Telefonat vorbereiten, welches du im Auftrag der anderen Person führen sollst. Hierbei handelt es sich meist um Rückfragen zu dem zuvor behandelten Text.

A 4.2 Wortschatz und Grammatik *(Words and structures)*

Um dich sinnvoll auf den Sprachpraxis-Teil der Prüfung vorzubereiten, solltest du noch einmal die Grammatik mit ihren wichtigsten Regeln wiederholen. Am besten verwendest du dazu eine **Schulgrammatik.**

Um dir die wichtigsten Regeln gut einzuprägen, könntest du **Lernplakate** gestalten. Dazu nimmst du ein großes Blatt oder Poster und schreibst die Regeln in deinen eigenen Worten mit ein paar Beispielsätzen auf. Dann hängst du das Poster in dein Zimmer oder in den Klassenraum. Wenn es gut sichtbar ist, hast du so die Regeln dauernd vor Augen und kannst sie dir leicht merken.

Darüber hinaus gibt es auch in den Schulgrammatiken oder in Begleitmaterialien Übungen, an denen du überprüfen kannst, ob du die Regeln auch anwenden kannst. Denn was nützt die schönste Regel, wenn du sie zwar theoretisch kennst, aber nicht anwendest?

A 5 Schreiben in der Abschlussprüfung *(Text Production)*

In diesem Teil der Prüfung musst du selbst Texte schreiben. Es gibt verschiedene Aufgabenstellungen mit unterschiedlichen Themen, die dich jeweils auffordern, einen Text von ungefähr 150 Wörtern zu schreiben. Du solltest auf keinen Fall weniger als 150 Wörter schreiben, da das zu einem Punktabzug führt. Du darfst dir eines der Themen aussuchen. Manchmal bekommst du ein Bild oder einen kurzen Text als Schreibimpuls und/oder als Informationsquelle.

A 5.1 (Vor-)Wissen aktivieren

Bevor du mit dem eigentlichen Schreiben des Textes beginnst, solltest du dir Gedanken darüber machen, was du zu dem Thema schreiben möchtest. Sammle deine Ideen zum Thema und Wörter, die du in diesem Zusammenhang brauchen kannst, in einer Mindmap, einer Tabelle oder einfach in einer Stichwortliste. Hier kannst du auch die Informationen mit einbringen, die die Aufgabe dir schon gibt. Manchmal findest du auch in der Aufgabenstellung beziehungsweise der beiliegenden Zusatzinformation Wörter, die du in deinem Text verwenden kannst.

A 5.2 Texte gestalten

Um aus dem gesammelten Material einen freien Text zu gestalten und sinnvoll aufzubauen, musst du dir zuerst klar machen, welche Textsorte die Aufgabe verlangt. Die Textsorten, die in der Realschulabschlussprüfung vorkommen können und ihre typischen Merkmale findest du in Kapitel A 1 (S. 6).

Texte sinnvoll aufbauen

Für alle Texte, die du schreiben sollst, gilt gleichermaßen: Du musst deinen Text sinnvoll aufbauen. Du solltest immer mit einem Einleitungssatz beginnen, der zu deinem Thema hinführt und deine Leser vorbereitet.

Einleitungssatz

Immer dann, wenn du über einen Zeitungsartikel, einen Text aus einem Sachbuch oder einen Ausschnitt aus einem fiktionalen Text (Roman, Kurzgeschichte, Theaterstück oder Gedicht) schreiben sollst, ist es sinnvoll, mit einem Einleitungssatz zu beginnen. Darin gibst du an, um welche Textsorte es sich handelt, welchen Titel der Text hat, wer ihn geschrieben hat, wo und wann er veröffentlicht wurde und worum es in diesem Text geht (ganz allgemein, ohne Einzelheiten). Die entsprechenden Angaben findest du vor oder nach dem Text auf der gleichen Seite. Nur der letzte Punkt – wenn du schreibst, worum es geht – erfordert von dir ein allgemeines Textverstehen. Natürlich hilft hier oft auch schon der Titel, vor allem, wenn es sich um einen Sachtext handelt.

Schau dir noch einmal den Tipp im Kapitel A 3.1 „Arbeitstechnik: Vorwissen aktivieren“ auf Seite 21 an. Beantworte die Fragen und lies den Text einmal. Nun kannst du einen sinnvollen Einleitungssatz schreiben. Ein solcher Einleitungssatz hat viele Vorteile: Zum einen wissen die Leser sofort, worum es in dem Text geht. Wichtiger für dich ist jedoch, dass du die „Bausteine“ für einen solchen Einleitungssatz auswendig lernen kannst und nur die jeweiligen Daten (Titel, Autor usw.) entsprechend einsetzen musst. Du musst also keine Zeit aufwenden, um zu überlegen, wie du deinen Text beginnen sollst. Hier findest du die „Bausteine“ noch einmal in einer Checkliste:

CHECKLISTE

1. **Textsorte:** Sie wird in den Prüfungsmaterialien angegeben, z. B. *newspaper article, information leaflet, advertisement, encyclopedia entry, letter (to the editor), (short) story, novel, poem, song.*
2. **Titel:** Den Titel kannst du wörtlich aus den Materialien zitieren. Dazu verwendest du Anführungszeichen. Denke daran, dass im Englischen die Anführungszeichen immer oben stehen: “...”
3. **Autor/in:** Auch er oder sie wird in der Regel genannt. Um den Namen in deinen Einleitungssatz einzufügen, benutzt du die Präposition „by“ oder den Ausdruck „written by“. Ist der Name nicht genannt, z. B. bei einem Lexikoneintrag oder einem Werbetext, musst du ihn auch nicht angeben.
4. **Quelle:** Auch diese wird immer in den Materialien zu finden sein, also z. B. der Name der Zeitung (z. B. *The Daily Telegraph, The New York Times)* oder der Enzyklopädie *(Wikipedia, Encyclopaedia Britannica* usw.). Bei Texten wie einer Kurzgeschichte, einem Gedicht oder einem Song ist die Quelle nicht notwendig, du brauchst sie nicht zu nennen.
5. **Datum der Veröffentlichung:** Bei einem Zeitungsartikel wird der Tag der Veröffentlichung genannt (z. B. 17th August 2009), ansonsten das Jahr. Bei Lexikoneinträgen ist normalerweise auch das Jahr nicht angegeben.
6. **Thema:** Worum es geht, musst du, wie schon gesagt, selbst herausfinden.

Du solltest nun folgendes Satzmuster auswendig lernen (einschließlich der korrekten Schreibweise):

> The newspaper article/song/... "..." [title] by ... [author's name], published in ... [name of newspaper] on ... [date of publication]/in ... [year of publication], deals with/is about/describes ... [topic of text].

Wenn dieser Satz zu abstrakt wirkt, kannst du dir die folgenden konkreten Beispiele einprägen:

> The newspaper article "Empty, unlet and unloved: the new British high street" by Esther Addley, published in *The Guardian* on 25th July 2009, deals with the development of town centres in Britain.

> The short story "Only Approved Indians Can Play: Made in the USA", written by Jack Forbes, published in 1991, is about racial discrimination in the USA.

> The encyclopedia entry "boomerang", published in *Wikipedia,* describes the shapes and uses of boomerangs.

TIPP

Beginne deinen Text mit einem Einleitungssatz, dessen Grundmuster du auswendig gelernt hast.

Gemäß Aufgabenstellung schreiben

Auch beim Schreiben musst du genau darauf achten, wie die Aufgabenstellung lautet. Es werden dir in der Prüfung zwei unterschiedliche Schreibaufgaben gestellt, von denen du eine auswählen kannst. Das erkennst du an folgenden Erläuterungen zu der Aufgabenstellung: „You have a choice here." oder „Choose one of the following tasks."

Wie du den Text aufbaust, hängt natürlich zum Teil von der Textsorte ab. Ein Brief z. B. sollte mit der Anrede des Adressaten beginnen (oder gegebenenfalls mit der Adresse).

INFO einen Brief schreiben

Einen Brief *(letter)* schreiben
Man unterscheidet zwischen geschäftlichen und persönlichen Briefen.

Die Form des **Geschäftsbriefes** stimmt mit der des **Bewerbungsschreibens** überein (mit anderer inhaltlicher Füllung natürlich).

Persönliche Briefe weichen davon ab: Die Adresse der Person, an die der Brief gerichtet ist, steht nur auf dem Briefumschlag und wird im Briefkopf nicht wiederholt. Sodann redet man den Adressaten in aller Regel mit dem Vornamen an *(Dear John)*. Kurzformen *(I'm, we'll)* und andere umgangssprachliche Elemente sind möglich.

Am Ende steht
- bei engen Freunden und Familienangehörigen: *Love / Lots of love (from)*
- bei anderen: *Best wishes / All the best / Have a good time.*

Eine E-Mail *(e-mail)* schreiben
E-Mails kannst du wie Briefe behandeln: Auch hier gibt es geschäftliche Mails, die strengere Regeln haben, und persönliche, die du weitgehend frei handhaben kannst.

Folgende Formulierungen sind in Briefen nützlich:

in Geschäftsbriefen:	in persönlichen Briefen:
Thank you for your letter/e-mail of 5 May concerning ... I am writing to inform you that/inquire about ... Thank you for ... I look forward to hearing from you soon.	Thank you (so much) for your letter/e-mail. Great to hear from you. It would be nice to ... I'd love to ... I just wanted to ask you if ... Say hello/hi to Jenny from me. Hope to hear from you soon.

In anderen Aufgaben wirst du aufgefordert, eine Bewerbung zu schreiben. Dazu gehört, dass du einen Lebenslauf verfasst und ein Anschreiben entwirfst. Beides wird im folgenden Info-Kasten erklärt.

INFO einen Lebenslauf schreiben

Einen Lebenslauf *(CV = curriculum vitae)* schreiben

Wichtig sind zunächst die persönlichen Angaben des Schreibers *(name, address, telephone number, e-mail, nationality, date of birth)*. Du solltest also die englischen Wörter für Nationalitäten kennen *(German, English, American, French* usw.) und auch wissen, wie ein **Datum** im Englischen geschrieben wird (z. B. 25 August 1995).

Es folgen **Angaben zur Persönlichkeit** *(profile)*, also zu beruflichen Interessen, Fähigkeiten, eventuell charakterlichen Eigenschaften und möglicherweise sonstigen Interessen und Hobbys.

Dann sind noch **Angaben zur Ausbildung** *(education)* und – soweit vorhanden – zum bisherigen **beruflichen Werdegang** *(employment* oder *work experience)* erforderlich.

Eine Bewerbung *(application)* schreiben

Rechts oben steht wie in jedem geschäftlichen Brief die Adresse des Absenders (ohne den Namen!). Darunter steht in der Regel das Datum (Form s. o.). Auf die linke Seite, eventuell etwas tiefer, schreibt man die Adresse des- oder derjenigen, an den/die sich die Bewerbung richtet.

Nach diesen formalen Elementen folgt das eigentliche Anschreiben. Die Person, an die man schreibt, wird entweder mit Namen *(Dear Mr/Mrs/Ms Smith)* oder, wenn man den Namen nicht kennt, mit *Dear Sir or Madam* angeredet.

Es folgen:

- die Bewerbung *(I am writing to apply for)* für eine bestimmte Stelle *(post, position)* und Angaben darüber, wie man von dieser Stelle erfahren hat (z. B. *advertised in The Guardian of 3 September;* oder *advertised on your website* etc.),
- eine kurze Beschreibung der relevanten Qualifikationen und Erfahrungen, die man mitbringt *(While I was working at ...)*
- eine kurze Erklärung, warum man an der Stelle interessiert ist *(This post interests me because ...)*,
- Angaben, wie und/oder wann man zu erreichen ist (z. B. *I can arrange to attend an interview any afternoon)*,
- eine Schlussformulierung: z. B. *I look forward to hearing from you.*
- *Yours sincerely* (wenn man in der Anrede den Namen genannt hat) oder
  Yours faithfully (wenn man mit *Dear Sir or Madam* begonnen hat)
- Unterschrift + darunter den Namen in Druckschrift.
- Falls man etwas beifügt, z. B. den Lebenslauf, zeigt man das durch *„Encl. CV“ (= enclosed)* an.

Achte zudem auf folgende Dinge: Benutze keine Kurzformen (also nicht *I'm writing*, sondern *I am writing)* und versuche, deinen Text durch sinnvolle Verbindungswörter flüssig zu gestalten (z. B. *so, because, since ...)*.

Zusammenhängend und gegliedert schreiben

Bei jedem Text, den du schreibst, ist es wichtig, dass er eine erkennbare und verständliche Struktur hat. Das bedeutet z. B., dass du nicht mittendrin anfängst, sondern dem Leser möglichst alle wichtigen Informationen (Wer? Wann? Was? Warum?) zu Beginn des Textes gibst. Typische Formulierungen für den Beginn eines Textes wären: „To begin with …“, „At the beginning …“.

Dann schreibst du einen sinnvoll aufgebauten Hauptteil. Überlege dir vorher, was du zuerst sagen willst und was zum Schluss. Eine Steigerung macht den Text interessant: vom Unwichtigen zum Wichtigen oder vom Allgemeinen zum Besonderen. Wenn man mehrere Aspekte eines Themas nacheinander benennt, kann man den Hauptteil auch untergliedern durch Formulierungen wie „Firstly, …“, „Secondly, …“, „Thirdly, …“ oder „In addition, …“, „Furthermore, …“.

Am Ende ist wichtig, dass du nicht einfach irgendwo aufhörst, sondern dass du einen aussagekräftigen Schlusssatz findest. Typische Formulierungen für einen Schlusssatz wären: „All in all, …“, „In general, …“, „In conclusion, …“ oder „To put it in a nutshell, …“.

Darüber hinaus ist es immer wichtig und für deine Leser hilfreich, wenn du Sätze durch Verbindungswörter *(connectives)* verbindest, um den Handlungsablauf oder den Gedankengang zu verdeutlichen. Auch der Gebrauch von Nebensätzen kann dabei helfen. Ebenso nützlich ist es beim Lesen, wenn der Text in Abschnitte gegliedert ist, wenn also die Leser direkt sehen können: Bei einem neuen Absatz beginnt etwas Neues.

Stelle dir vor, du sollst deine Meinung zu einem Film, den du kürzlich gesehen hast, in einem kurzen Artikel für eine Schülerzeitschrift darstellen. Ein Schüler hat den folgenden Artikel geschrieben:

I saw "…" [title of the film]. It was a difficult film. It was interesting. I liked it. The actors were nice. One of them was not a good actor. He always spoke in the same way. You could not see his feelings in his face. The story was interesting. Some scenes were a bit boring. The characters only talked. Nothing happened. Most of the time there was a lot of action. This was exciting. There were some surprises. There were some funny scenes. The audience in the cinema laughed a lot. Some funny scenes were exaggerated. This was not so good. The ending was funny. It was surprising. I liked this. It was an interesting film. Everybody should go and watch it.

Dieser Text erfüllt natürlich die Aufgabenstellung, da hier die Meinung zu einem Film ausgedrückt wird. Aber es ist dir sicher aufgefallen, dass er nicht flüssig lesbar ist, weil die Sätze alle sehr kurz und unverbunden sind und wie in einer Liste aufeinander folgen.

Versuche nun, den Artikel zu verbessern, indem du z. B. zwei Sätze zu einem komplexen Satz (Haupt- und Nebensatz) zusammenfügst und möglichst viele Sätze durch Wörter verbindest, die den Gedankengang verdeutlichen. Dazu kannst du dir als Hilfestellung die folgenden Fragen stellen: Wird etwas begründet? Gibt es einen Gegensatz?

TIPP

Wörter, die einen Gedankengang verdeutlichen:
also, (al)though, and, because, but, however, in general, in short, moreover, on the other hand, so, too, which

Wo ein neuer Aspekt erwähnt wird, beginnst du einen neuen Absatz.

INFO Verbindungswörter

Folgende Verbindungswörter sind nützlich, um in einem Text sinnvolle Zusammenhänge herzustellen:

1. Wenn du Fakten, Meinungen etc. **aufzählst:**
   Firstly, ... Secondly, ... Finally, ... oder:
   To begin with, ... Next, ... After that, ..., In the end, ...
2. Wenn du einen weiteren Aspekt **ergänzen** willst:
   Moreover,
   In addition, ... also ... oder einfach ..., *too.*
3. Wenn du einen **Gegensatz** oder auch eine Alternative einbringst:
   On the one hand, ... on the other hand, ...
   However, ... (al)though ...
4. Wenn du etwas **begründest:**
   ... *because* oder (am Satzanfang)
   The reason is that ...
5. Wenn du eine **Folge/Konsequenz** erwähnst:
   As a consequence/result, ...
6. Wenn du zum Schluss etwas **zusammenfassen** oder **schlussfolgern** willst:
   In short/general, ...
   To sum up, ...
   To conclude, ...

A 6 Wortschatzerweiterung

Du darfst in der Prüfung ein zweisprachiges Wörterbuch benutzen. Dennoch wirst du wahrscheinlich öfters das Problem haben, dass dein Wortschatz nicht ausreicht, um dich so auszudrücken, wie du es gern tun würdest. Eine Erweiterung deines Wortschatzes wäre daher in jedem Fall sinnvoll. Es geht hier darum, überlegt und gezielt an den Stellen anzusetzen, die für die ZP wirklich von Bedeutung sind.

Eine gute Möglichkeit ist das ***mindwalking,*** eine Technik, die dir helfen wird, dir zunächst bewusst zu machen, was du bereits kannst – aber eben auch, wo es Lücken gibt, die du dann auffüllen solltest. ***Mindwalking*** ist eigentlich ein ganz einfaches Prinzip. Versuch es einmal am Beispiel des Raums, in dem du dich gerade aufhältst:

1. <u>Step 1:</u> Sit back, relax and have a look at the room you are sitting in: What can you see? What can you/do you do in this room? How do you feel in different situations in this room?

Das könnte zum Beispiel folgendermaßen aussehen:
I am sitting in my room at my desk. I am working on ... On my desk there is/are ... If I open my eyes, I can look out of the window, which is ...

Wenn dir nichts mehr einfällt, kannst du (im Kopf) den Raum auch ausweiten:

Now leave the room (in your head) and think of other rooms in the building. What can you see there? Who is there? What activities are people involved in?

2. Step 2: Um mit den Ergebnissen deines mindwalk weiterarbeiten zu können, solltest du deine Gedanken notieren. Die sinnvollste Methode dazu wäre, zunächst den Weg, den du im Kopf zurückgelegt hast, in eine Karte, eine *map,* zu übertragen, also aus dem *mind-**walk*** eine *mind-**map*** zu erstellen.

In unserem Beispiel könnte diese darin bestehen, dass du eine grobe Skizze deines Zimmers anfertigst und die Begriffe, die dir eingefallen sind, in die Skizze schreibst. Wenn du den Raum verlassen hast, kannst du dies einfach durch Pfeile andeuten und das, woran du gedacht hast, dort notieren. Es entsteht so ein Abbild dessen, was in deinem *mind* vorgegangen ist, als du dich mit diesem Thema beschäftigt hast.

3. Step 3: Deine *mindmap* hat natürlich Lücken, denn dein *mindwalk* konnte nicht immer in englischer Sprache stattfinden. Du bist über einige Teile „gestolpert". Diese solltest du jetzt im Wörterbuch nachschlagen und in die *map* eintragen. Weil dein Gehirn diese Begriffe automatisch in Verbindung mit dem Weg abspeichert, den du im Kopf zurückgelegt hast, besteht eine große Chance, dass du sie auch behältst. Hinzu kommt, dass deine Skizze über deine Augen automatisch als Bild in deinem Gehirn abgespeichert wird, sodass dieses nun eine weitere Möglichkeit erhält, die neuen Wörter auch dauerhaft zu behalten.

4. Step 4: Du kannst deinem Gehirn auch weiter dabei helfen, die neue Sprache zu behalten. Zu jeder Karte gehört ja auch eine „Legende", ein ***key.*** Dort wird erklärt, was sich in der Karte befindet. In unserem Beispiel hast du wahrscheinlich an Dinge, Räume, Personen, Aktivitäten und Gefühle oder Stimmungen gedacht. Also könnte deine Mindmap auch unter diesen Oberbegriffen geordnet werden und es entstünde eine Tabelle.

5. Step 5: Beim Erstellen eines solchen ***key*** fallen dir bestimmt noch weitere Begriffe und Redewendungen ein, die du in die Tabelle eintragen kannst. Damit erweiterst du natürlich auch deine Mindmap. Solltest du an einem der folgenden Tage noch einmal auf einen *mindwalk* gehen, dann wird dieser sicherlich anders aussehen und dir wird viel mehr einfallen.

INFO Wortschatz erweitern

Step 1: Go on a **mindwalk.**
Step 2: Make a **mindmap.**
Step 3: **Complete** your mindmap.
Step 4: Write a **key.**
Step 5: **Use** the key.

TIPP regelmäßige *mindwalks*

Versuche, solche *mindwalks* regelmäßig durchzuführen.
Gehe etwa auf Englisch zur Schule oder zu deinen Freunden. Beispiel: *I have just left my house and I am walking on the* Bürgersteig *to … On the other side of the street there is a man with a dog and a woman with a* Kinderwagen *… Now I'm at the* Kreuzung *…*
An der Bushaltestelle: *I am standing at the bus stop waiting for the bus to school. The bus is late. It is still dark …*
Du kannst auch abends im Bett kurz vor dem Einschlafen deinen Tag auf Englisch „nach-denken", z. B.: *What have I done today? What was good, bad about my day? How did I feel …* – oder auch den folgenden Tag „vor-denken": *What are my plans for tomorrow? In the morning/afternoon/evening …*
Und so weiter. Probiere es einfach aus. Schlüpfe, wann immer du Gelegenheit dazu hast, in die englische Sprache. Du wirst überrascht sein, wie viel du kannst – und manchmal auch, dass dir einfache Wendungen fehlen. Wenn du diese später im Wörterbuch nachschlägst, ordnet sie dein Gehirn automatisch zu und du wirst deinen Wortschatz auf diese Weise nach und nach erweitern.

B TESTS

Nun kann es also losgehen. In diesem Kapitel findest du insgesamt fünf Tests, mit denen du für die Abschlussprüfung trainieren kannst. Die ersten drei davon sind mit Erläuterungen versehen, die dir bei der Lösung helfen werden. Der Anspruch wird ständig zunehmen (also werden auch immer weniger Hilfen gegeben), sodass du den vierten Beispieltest und den fünften Test, die Originalprüfung aus dem Jahr 2016, schließlich selbstständig lösen kannst. Erst dann ist es entscheidend, dass du die vorgesehene Zeit von 135 Minuten auch wirklich einhältst. Du darfst während der Prüfung ein zweisprachiges Wörterbuch benutzen.

Bei den ersten Testbeispielen wirst du wegen der vielen Hilfen, Anmerkungen und Zwischenschritte sicherlich mehr Zeit benötigen, als dir bei der Abschlussprüfung zur Verfügung stehen wird. Das ist nicht schlimm, weil du dich ja erst an die Anforderungen gewöhnen willst. Wichtiger ist es, dass du die Aufgaben ruhig und überlegt durcharbeitest. Dennoch solltest du dir angewöhnen, mit der Uhr zu arbeiten. Notiere, wann du mit welcher Aufgabe begonnen hast und wann du damit fertig geworden bist (schreibe einfach die Zeiten an die entsprechenden Stellen im Test). Dann bekommst du nach und nach ein Gefühl dafür, wie viel Zeit du für jeden Teil benötigst beziehungsweise später benötigen darfst, damit du rechtzeitig fertig wirst.

Bevor du mit dem ersten Test beginnst, schau dir noch einmal die Checkliste und die Bearbeitungshinweise aus Kapitel A 1.3 „Zum Aufbau dieses Buches" (S. 11) an. Zur Erinnerung:

CHECKLISTE

1. **Zeit**
   Ich habe genug Zeit, um den Test an einem Stück durchzuarbeiten. ○

Sinnvolle Zeiteinteilung:

für *Listening Comprehension*	30 Minuten	○
für *Reading Comprehension*	25 Minuten	○
für *Mediation*	20 Minuten	○
für *Words and structures*	20 Minuten	○
für *Text Production*	30 Minuten	○
Puffer für Überarbeitung	**10 Minuten**	○

2. **Ort**
   Ich kann hier voraussichtlich ungestört arbeiten. ○

3. **Arbeitsplatz**
   Ich habe: ○
   - eine Uhr (möglichst mit Weckfunktion) ○
   - Schreibmaterialien ○
   - die Audio-CD zum Arbeitsbuch ○
   - einen CD-Spieler ○
   - ein zweisprachiges Wörterbuch ○
   - und **sonst nichts**!

Alles klar? Dann los. Konzentriere dich, bleibe ruhig und halte dich an die Zeitvorgaben. Wenn deine Uhr eine Weckfunktion hat, stell sie für die einzelnen Prüfungsteile ein.

Angeleiteter Test 1 – School

A Listening Comprehension

TIPP

Beim Zuhören ist es wichtig, dass du nicht in Panik gerätst, wenn du etwas nicht mitbekommst. Du hörst die Texte zweimal an und kannst Dinge, die dir vielleicht fehlen, im zweiten Anlauf ergänzen. Wenn du etwas gar nicht lösen kannst, ist das auch nicht dramatisch. Arbeite dann einfach an der Stelle weiter, an der du wieder folgen kannst.

Part One

Welcome to The Hayesbrook School **CD: Track 4**

In Part One you will hear some information about the Hayesbrook School in Tonbridge. John (17) and his parents have moved to Tonbridge and he has to go to a new school. Find out if that school is a good choice by marking the item on his checklist.
You will hear five speakers. Read the tasks before listening to the speakers. Listen to the text twice. You now have 20 seconds to read the tasks.
You can start working while listening.

Tick ✔ the right statement.

	yes	no
1. Will there be any girls in my class?	○	○
2. Has the school got modern facilities?	○	○
3. Does the school offer special classes for art?	○	○
4. (John has been learning Spanish for a while.) Does the school have an exchange programme with a partner school in Spain?	○	○
5. Can I wear jeans to school?	○	○
6. Is my gold earring a problem?	○	○

Lösungshilfen

Du erinnerst dich hoffentlich an die *three steps* (TIPP S. 13). Hast du sie angewendet? Dann ist dir klar, dass du beim Hören auf folgende Punkte achten musst:

1. girls: Es reicht nicht, zu überlegen, ob Mädchen überhaupt erwähnt werden, du musst auch darauf achten, ob es Einschränkungen gibt, die mit der Klassenstufe und dem Alter zu tun haben.
2. school building, facilities, modern: Hier interessieren dich Aussagen zu Alter und Einrichtung der Schule.
3. special, art: Gibt es an der Schule irgendwelche Schwerpunkte und wenn ja, in welchen Fächern?

4. exchange, Spain: Gibt es Partnerschulen? Auch in Spanien?
5. dress code, school uniform, trousers: Gibt es Kleidungsvorschriften? Auch für die älteren Schüler?
6. earring, jewellery: Dürfen Schülerinnen und Schüler Schmuck tragen?

Achtung: In Punkt 5 will John wissen, ob er Jeans tragen darf – falls ja, wäre „yes" anzukreuzen. In Punkt 6 will er wissen, ob es Probleme mit seinem Ohrring gibt, also ob er diesen tragen darf oder nicht. Wenn du herausfindest, dass Jungen Ohrringe tragen dürfen, gibt es also kein Problem für John und du müsstest „no" ankreuzen.

Part Two

Naomi's school

CD: Track 5

In Part Two you will hear an interview with Naomi, who is talking about her school. There are nine tasks. Listen to the conversation twice. Read the tasks before listening to it. You now have 30 seconds to read the tasks for the conversation. You can start working while listening.

Tick ✔ the right statement and fill in the gaps.

1. Naomi is from ____________________ .

2. How old is Naomi?
   a) ◯ 9
   b) ◯ 13
   c) ◯ 11

3. Naomi is in grade __________ .

4. One of the subjects Naomi studies is ...
   a) ◯ Biology.
   b) ◯ German.
   c) ◯ Science.

5. For lunch, Naomi eats ...
   a) ◯ sandwiches.
   b) ◯ roast dinner.
   c) ◯ pizza.

6. She thinks school lunch is _______________ .

7. Naomi ...
   a) ◯ gets a lot of homework.
   b) ◯ doesn't get a lot of homework.
   c) ◯ doesn't get any homework.

8. Naomi's favourite subject is _______________ .

9 She doesn't like ______________________ .

Now listen to the interview again.

Lösungshilfen

Diese Aufgabe erklärt sich wahrscheinlich von selbst. Dir ist klar, dass du zwei Sprecher hören wirst und dass es um den Bereich Schule geht. Bei einem Interview ist es meistens so, dass der Interviewer sich bei seinen Fragen auf das bezieht, was sein Gesprächspartner sagt. Deshalb hilft es dir bei der Lösung sicherlich, wenn du darauf achtest, was – und wie – gefragt wird. Den entsprechenden Wortschatz beherrschst du bestimmt. Es kommt also nur noch darauf an, dass du konzentriert zuhörst und dich nicht aus der Ruhe bringen lässt, wenn du etwas nicht genau verstehst. Du hörst den Text ja ein zweites Mal an.

Part Three

School subjects

CD: Track 6

In Part Three you will hear five extracts from different classes at school. Listen to the text twice.
Choose the right subject for each extract. There is one more subject than you need.
Read the tasks before listening to each text. You have 10 seconds to do this.

subject	**extract no.**
Art	
English	
Geography	
History	
Home Economics	
Maths	

Lösungshilfen

Auch hier dürfte dir schnell klar sein, worum es geht. Ein Problem könntest du nur haben, wenn du ein Schulfach nicht kennst, so wie hier vielleicht „Home Economics". Solltest du das aus dem Begriff heraus nicht erschließen können *(home* = „Heim" oder „Haus" in Verbindung mit *economics* = Ökonomie, also irgendetwas mit „Wirtschaft"), dann hast du ja noch die Möglichkeit, dass du aus dem Hörtext heraus auf die richtige Lösung kommst. Es bleiben nur zwei Fächer übrig, wenn du vier der Ausschnitte den dir bekannten Fächern zugeordnet hast – und du wirst wahrscheinlich erkennen, dass eines davon nicht infrage kommt. Diese Strategie kann dir bei derartigen *matching*-Aufgaben übrigens immer helfen.

B Reading Comprehension

1 Read the descriptions of the five students who want to spend a year at a private school in Great Britain. Then read the information about six independent schools in the UK and choose the ideal school for each student. Write the correct letters in the empty boxes next to the schools.

A:	**Fiona** (16) is interested in the development of sustainable energies and a member of Greenpeace. She wants to become a gardener.
B:	**Yan-Li** (14) is interested in art and music and has failed many tests at school recently. He'd like more freedom for his studies.
C:	**Nadia** (17) speaks three languages fluently and would like to travel the world as a language teacher one day.
D:	**John** (18) is a computer expert whose interests include sports, music and languages. He wants to become a journalist in the UK.
E:	**Emma** (15) is very good at painting and had her first exhibition recently. She wants to become an artist.

1:	**Portobello High School** is the largest school in Edinburgh and aims to provide all of our 1450 pupils with an enjoyable educational experience. The students can choose between a wide range of subjects supporting the arts such as drama, painting, dance and music.	
2:	**Eton College, Berkshire,** was founded in 1440 by Henry VI for the training of young men for the service of church and state. There are several libraries with collections of rare books and manuscripts. Computers are provided. The school is very strong in music (600 boys learn an instrument), in art and in drama. There is a wide range of sports and games. The school newspaper has been published regularly each term since 1863.	
3:	**Summerhill School** is an independent British boarding school which is run as a democratic community. At the school meetings, everyone has an equal vote and the members of the community are free to do as they please, so long as their actions do not cause any harm to others. This extends to the freedom for pupils to choose which lessons, if any, they attend.	
4:	At **Montessori Eco School** in St Andrews, Scotland, students learn about the history of civilizations and experience the economic system through their own enterprises of production and marketing. Eco Schools belong to an international programme of environmental education for schools. The aim of Eco Schools is to raise students' awareness of sustainable development issues through classroom study and community action.	
5:	Set in a beautifully spacious campus, **Bishop's Stortford College** is large enough to provide an exceptional range of opportunities, yet small enough for individuals to be known and valued. Their aim is to develop confident young people who take with them the qualifications, skills and respect for others to thrive at their chosen university and in their future career.	
6:	The **German School London** is part of an international school system which provides German education from Kindergarten to Abitur in 123 schools worldwide. A broad range of languages such as German, English, French, Latin and Spanish is offered to prepare the students to participate in a global world of European origin. Mathematics and Sciences include experimental work to meet the challenges of international competition.	

Lösungshilfen

Auf den ersten Blick kommen dir die Schulbeschreibungen vielleicht kompliziert vor. Kein Grund zur Panik! Bei diesen Zuordnungsaufgaben ist es wichtig, dass du dir die Anforderungen der genannten Personen genau anschaust und nach sogenannten **Schlüsselbegriffen** suchst, die du verstehst und die du in den Beschreibungen der Schulen wiederfindest.

A: Wörter, die du verstehen kannst, sind *energies, Greenpeace* und *gardener.* Fiona wird vermutlich eine Schule suchen, die Umweltprojekte unterstützt.

B: Yan-Li ist an Kunst und Musik interessiert. Ein Schlüsselbegriff ist in seinem Fall das Wort *freedom.* Suche eine Schule, in der er die Fächer frei nach seinen Interessen wählen kann.

C: Nadia interessiert sich für Sprachen *(languages)* und möchte eines Tages viel reisen. Sie wird an einer internationalen Ausbildungsschule interessiert sein.

D: John hat viele Interessen. Schlüsselbegriffe sind in seinem Fall *computer, sports and music.* Als zukünftiger Journalist wird er an der Gestaltung einer Schülerzeitung interessiert sein.

E: Emma möchte Künstlerin werden *(artist).* Suche eine Schule, in der Fächer wie Malerei, Tanz, Theater und Musik unterrichtet werden.

---

2 Read the text and tick ✔ the right statement.

Charlene's Diary

Monday, Sept. 4
Tomorrow is the big day. I'm all packed and ready to go. Suddenly, I'm not sure anymore whether I really want to go. I'm very nervous. What if my host family is not very nice? What if I don't understand them? What if I don't get on with Tina? What if the food is terrible? What if I miss home? I'd better go to sleep.

Tuesday, Sept. 5
Although I'm dead-tired, I can't sleep. The flight was OK. Once we got to Dortmund Central Station, we all got picked up by our host families. It all happened very quickly. Before I knew it, my suitcase was taken off my hands and stuffed into the boot of a big Mercedes. I didn't even have time to say goodbye to Lisa. Everyone was very quiet in the car and I was quite glad about it. After a short trip we arrived at the house. I couldn't believe my eyes. The house is very big and really cool. Everything is bigger, more modern and stylish than at home. I even have my own room!

Dinner was a bit strange: dark bread, lots of cheese and cold meat which they call "Wurst" and salad. Very healthy. They have their main meal at lunchtime. We had some "Gulasch" with dumplings and salad, of course. The meat was very nice but I wasn't too keen on the dumplings.

Tina is alright. Her English is not brilliant but it's still much better than my German. Her dad doesn't say much but her mum is really nice and she speaks English pretty well. So I think I'm going to be fine as long as she is around. Tina's little brother Tristan is sweet but he keeps talking to me in German and I don't really understand him.

Tomorrow we are going to school. We have to get up at six o'clock! School starts at 7.30. What sort of time is that? We are going to school by bike. Tina said it's a fairly short ride, about a quarter of an hour. In the first lesson we are going to meet up to see how everyone is getting along with their host family. Lisa has already sent me a text message telling me that she's OK. I hope her host family doesn't live too far away from mine. I'll have to ask Tina.

Wednesday, Sept. 6
School is quite different here. Nobody wears school uniform, everything is more relaxed than at home. You can even eat and drink in some classes. I didn't really understand much in Tina's lessons but Art was OK. They were doing some practical work and we could have a go as well. What I really liked was when we went to the English lesson of a Year 5 class. They asked us lots of questions which we had to answer.

In the afternoon we met up in town and went shopping. I bought myself some cool clothes and a beer mug for dad. Lisa's partner Chrissie is a friend of Tina's, so we will be able to do quite a few things together. That's great. Tonight we went ice-skating. It was a lot of fun even though I was pretty rubbish at it. I met a cute German boy. His name is Alex. Tomorrow evening we are going to a disco and he will be coming, too. I can't wait!

Lösungshilfen

Wenn du die Aufgaben liest, überlege bei jeder Aussage, was von dir erwartet wird (vgl. Kapitel A 3 „Leseverstehen", S. 19). Sollst du
- gezielt nach einer konkreten Information suchen?
- Zusammenhänge verstehen?
- das Thema des Textes ermitteln?

	true	false
1. Charlene is going on an exchange to Hamburg.	○	○
2. Charlene's host family is wealthy.	○	○
3. German food is very much like English food.	○	○
4. Charlene's German is better than Tina's English.	○	○
5. They go to school by bike because it is not very far.	○	○
6. At school Charlene is going to meet her friends from England.	○	○
7. Charlene buys a present for her father.	○	○
8. Charlene does not like ice-skating.	○	○
9. Charlene wants to meet Alex again.	○	○

Lösungshilfen

Dir ist sicher klar geworden, dass es hier um konkrete Informationen geht, die du im Text finden musst. Erinnere dich daran, was du im Kapitel „Leseverstehen" geübt hast.

1. Zunächst musst du im Text die Stelle suchen, an der etwas über einen Ort in Deutschland gesagt wird. Ist das Hamburg?
2. Du wirst gesehen haben, dass nirgendwo im Text direkt steht, ob Tinas Familie eher reich oder eher arm ist. Suche nach Anzeichen für die finanzielle Situation. Sie fahren z. B. einen Mercedes und haben ein großes Haus. Was schließt du daraus?
3. Suche den Abschnitt, in dem es um das Essen geht. Hier schreibt Charlene einen Kommentar, in dem sie sagt, ob ihr das Essen bekannt vorkommt.
4. Suche den Abschnitt, in dem es um die sprachlichen Fähigkeiten geht. Charlene vergleicht hier ihr Deutsch mit Tinas Englisch. Da steht die Lösung der Aufgabe direkt im Text.
5. Gehe wieder zur entsprechenden Textstelle und du wirst sehen, dass auch hier die Lösung genannt wird („a fairly short ride").
6. Charlene beschreibt, was ihr erster Tag in der Schule bringen wird. Dort erwähnt sie auch ihre Freunde.
7. Der letzte Abschnitt beschreibt Charlenes Einkäufe. Ist etwas für ihren Vater dabei?
8. Es geht immer noch um den letzten Abschnitt. Charlene äußert sich hier auch zum Eislaufen. Es findet sich der Satz: „It was a lot of fun even though I was pretty rubbish at it." Er enthält eine positive und eine negative Aussage. Eine bezieht sich auf das Eislaufen und die andere auf sie selbst.
9. Alex wird am Schluss erwähnt. Lies genau, was über ihn gesagt wird. Findest du eine Aussage dazu, ob Charlene ihn wiedersehen möchte?

---

3 Read the text and then write down your answers.

What's the point of school uniform?

The following text is taken from a blog in The Guardian Online, *from October 3, 2013. At Chloe Spencer's school they have introduced school uniform for sixth formers.*

You might hate your school uniform, but I think it's there for good reason, says 15-year-old **Chloe Spencer**

A shirt, tie and blazer may not be the ingredients for my favourite outfit, but if I were given the choice, I wouldn't throw away the idea of school uniform. Wearing a uniform is a badge of pride, creates an identity for a school and is an important part of being a school student.

"Uniforms show that you are part of an organisation. Wearing it says we're all in this together," Jason Wing, head teacher at the Neale-Wade academy in Cambridgeshire, says.

"Also, if you wear your uniform with pride, it means you are half way there to being respectful, buying into what the organisation is all about."

Claire Howlette, an English teacher, agrees: "Uniforms give students a sense of belonging to a particular school and create an identity for the school in the community."

My school is one of many that seem to be reverting to a more formal uniform – this September I will be wearing a shirt and blazer instead of my old jumper and polo shirt. A number of students have complained about the change, but general opinion is that the jumpers and polo shirts were "childish".

A school uniform teaches students to dress smartly and take pride in their appearance. Howlette says: "Uniforms help students to prepare for when they leave school and may have to dress smartly or wear a uniform."

Some people believe that a school uniform can improve learning by reducing distraction, sharpening focus on schoolwork and making the classroom a more serious environment, allowing students to perform better academically.

Perhaps most importantly, a uniform means students don't have to worry about peer pressure when it comes to their clothes. When everyone is dressed the same, worrying about what you look like isn't so important. There is no competition about being dressed in the latest trend, which would put a great deal of financial pressure on students and parents. Potential bullies have one less target for their insults; it's hard to make fun of what someone is wearing when you're dressed exactly the same.

In America, where a majority of schools do not have a uniform, roughly 160,000 children miss school every day due to fear of attack or intimidation by other students. This might not be directly linked to what they're wearing, but having a uniform can be a safety net for many students who might otherwise suffer from bullying. A strict uniform gives the impression that rules are strict too, perhaps helping maintain a sense of order at school.

[...]

Although it might seem a shame to miss out on those two years of dressing as you like at school, I welcome the smart dress code. Not only does it make getting dressed each morning a lot easier, but it sets sixth formers up as role models for younger students, and that's important.

Macy Vallance, a year-eight student, says: "I like uniforms because everyone is the same and no one can be left out by the way they are dressed. Our new uniform looks smarter, which is good."

My uniform might not be what I would wear in my own time, but it gives me a sense of belonging, takes away the pressure of what to wear and deters the bullies. School uniform isn't fashionable, but that's exactly why I think it should be here to stay.

Quelle: C. Spencer: "What's the point of school uniform?" *The Guardian Online*, 3 October 2013

1. What does the author think about school uniforms?
2. What are the advantages of a school uniform? Name one.
3. Why did Chloe's school change from jumpers and polo shirts to a shirt and blazer?
4. Why do roughly 160,000 children in America miss school every day?
5. Would you like to wear a school uniform?

Lösungshilfen

Auch bei dieser Aufgabe geht es darum, Informationen im Text zu finden. Hier sollst du sie schriftlich beantworten. Lies die Aufgabenstellung zunächst genau durch und mache dir bewusst, wonach gefragt wird.

Hinweise zur Bearbeitung:
1. Schau nach, wo die Autorin des Textes ihre Meinung äußert.
2. Hier kannst du die Aussagen aller im Text vorkommenden Personen nutzen. Gibt es dort unterschiedliche Meinungen oder sind alle einer Meinung?
3. Diese Antwort findest du in der Passage, in der die Autorin explizit über ihre eigene Schule schreibt.
4. Hierfür musst du den Absatz, in dem über Amerika geschrieben wird, nochmal durchlesen.
5. Überlege, ob du auch gern eine Schuluniform tragen würdest. Kannst du die im Text genannten Vorteile nachvollziehen?

C Use of Language

1. Mediation

Du möchtest für ein Jahr nach England auf eine Schule gehen. Du hast im Internet recherchiert und bist auf die Lord's School in Chester gestoßen. Nun schaust du dir mit deinen Eltern gemeinsam die Homepage der Schule an. Da dein Englisch besser ist als ihres, erklärst du ihnen, was auf der Homepage alles zu finden ist.

Lord's School Chester
Northwick House, Abbey Hill, Chester, Cheshire CH1 7BH
Tel: (+44) 01244 717458

Located in the centre of the historic city of Chester, Lord's School was founded in 1543 by Henry VIII as the city's Cathedral School. It is the fourth oldest school in England and one of the world's oldest choir schools. The older school buildings have historic associations and the main school is complemented by preparatory and pre-preparatory schools.
Situated within Chester's historic town centre, Lord's has excellent facilities including a sports hall, a 25 metre indoor pool and computer rooms. There are strong music, art and drama departments, a wide range of sports including rowing and fencing, a range of clubs and voluntary activities, and a Combined Cadet Force.
Lord's School offers day places to boys and girls from the age of 3+ to 18+, and boarding places to girls and boys from the age of 11+. There are four boarding houses, two for girls and two for boys, and accommodation is mainly in single and double rooms. All bedrooms are furnished with Internet points, and boarders share common rooms, a student kitchen and a computer room.
Lord's School has a strong interest in providing a top education for overseas students whose first language is not English. On entry to the school, their individual level of English will be assessed and a learning programme designed to prepare them for public examinations and internationally recognized examinations.

FEES & ENTRY REQUIREMENTS
DAY PUPILS
Preparatory School
8+, 9+ (Classes 1/2) £4,275 per term (10 instalments of £1,282.50)
10+, 11+, 12+ (Classes 3/4/5) £4,710 per term (10 instalments of £1,413.00)
Senior School
13+ – 18 + £5,800 per term (10 instalments of £1,740.00)
Lunches (Senior School only) £364 per Michaelmas term;
£298 per Lent & Midsummer term

BOARDERS
Preparatory School
11+, 12+ (Classes 4/5) £6,715 per term (10 instalments of £2,014.50)
Senior School
13+ – 18+ £9,070 per term (10 instalments of £2,721.00)

Contact Details
Mrs Anne Owen
Registrar
Lord's School, Chester,
Northwick House, Abbey Hill, Chester,
Cheshire CH1 7BH
Tel: +44 (0) 1244 717458
Fax: +44 (0) 1244 717450

Du erklärst deinen Eltern in Stichpunkten,

1. wann die Schule gegründet wurde.

____

2. wo sich die Schule genau befindet.

____

3. welche Einrichtungen die Schule hat (zwei Informationen).

____

____

4. welche Fachbereiche besonders gut sind.

____

5. ab welchem Alter die Schüler im Schülerwohnheim wohnen können.

____

Deine Eltern haben noch einige weitere Fragen. Bei einem Telefonat mit der Schule möchtest du diese klären. Notiere ihre Fragen auf Englisch.

Deine Eltern möchten gern noch wissen,

6. ob du vom Flughafen abgeholt werden kannst.

____

7 wann das Schuljahr beginnt.

8 ob die Schüler selbst kochen müssen.

9 aus welchen Ländern die ausländischen Schüler kommen.

10 ob es auch in den Ferien Aktivitäten gibt.

Lösungshilfen

Bei dieser Aufgabe geht es darum, dass du dolmetschen *(to mediate)* sollst. Deine Eltern haben Fragen, die du ihnen anhand des Textes beantworten sollst. Deine erste Aufgabe ist es also, dem Text kurze aber sinnvolle Informationen zu entnehmen, mit denen du die Fragen auf Deutsch beantworten kannst. Der zweite Teil der Aufgabe ist umgekehrt. Hier sollst du die deutschen Fragen deiner Eltern ins Englische übersetzen. Bei der Lösung kann dir die in Teil A (S. 25) erwähnte Arbeitsweise helfen.

Hinweise zur Bearbeitung:

1. Lies die Fragen gründlich durch. So erfährst du, was von dir verlangt wird: Du sollst im ersten Teil der Aufgabe aus dem Text Informationen über die Schule und das Leben dort herausfinden.
2. Lies den Text und verschaffe dir einen Überblick über dessen Inhalt. Es ist nicht schlimm, wenn du nicht sofort alle Wörter verstehst. Der Text ist zweigeteilt. Im ersten Teil geht es um die Geschichte der Schule, ihre Ausstattung sowie das Fächerangebot. Der zweite Teil beschäftigt sich mit den Schulgebühren.
3. Versuche, im Text die Antworten zu finden und markiere sie dort bereits.
4. Schreibe dann deine gefundenen Antworten in Stichpunkten auf Deutsch auf. Die Aufgabenstellung sagt, dass du keine ganzen Sätze formulieren musst. Deine Stichpunkte müssen aber natürlich trotzdem inhaltlich und auch sprachlich richtig sein.
5. Für den zweiten Teil der Aufgabe – die Rückfragen deiner Eltern – geht es darum, dass du die vorformulierten Fragen ins Englische übersetzen sollst.
6. Schau auch hier noch einmal in den Text, vielleicht findest du dort bereits Hilfe.
7. Du bereitest mit deinen Fragen ein Telefonat vor. Formuliere also die Fragen so, als ob du sie jemanden stellst. Beispiel: Aus dem „du“ in Frage 6 müsstest du entweder ein „ich“ oder ein neutrales „man“ formulieren, falls du es allgemein fragen möchtest.
8. Wenn du nicht weiter weißt, schlage einige Wörter im Wörterbuch nach. Aber Vorsicht dabei: Nicht immer ist das erste Wort, welches dort steht, auch die beste Wahl!

2. Words and structures

Read the text, then choose the correct words from the box to fill in the gaps.
Be careful – there are more words than you need. Use each correct word only once.

who • biggest • became • what • watches • star • featured • schoolkids • told • last • was • happened • first • show • were

Every singer wants to be in Glee

The internet killed Top of the Pops, MTV is not what it once was and hardly anyone ________________ music on television anymore. Except when Glee is on air. Part comedy, part drama, the ________________ has become a runaway success.

The ________________ episode of the second season ________________ watched by 12.5 million Americans, up 60 percent from last autumn. The show then sold 410,000 downloads of the five songs it ________________ . Now some of the entertainment industry's ________________ names want to be part of the action. Gwyneth Paltrow and Javier Bardem will ________________ in the second season, and a Madonna special last season was such a hit that a mini-album of the songs was released.

"What Glee has done for music more than anything else is connect generations," a Fox spokes-person ________________ the *Times*. "Kids ________________ are 15 are now finding out who Neil Diamond is." A show with ________________ singing cover versions of classic pop and rock songs sounds like an unlikely winner, but life is full of surprises.

What ________________ to music TV? It ________________ Glee.

Quelle: http://www.spotlight-online.de/news/music/every-singer-wants-to-be-in-glee (20.10.2010)

Lösungshilfen

Bei den Aufgaben zu *Words and structures* geht es darum, dass du deine Grammatik-, aber auch Wortschatzkenntnisse unter Beweis stellst.

In dieser Aufgabe geht es darum, dass du in den Text die fehlenden Wörter richtig einsetzt. Du sollst z. B. entscheiden, ob ein Pronomen oder ein Verb eingesetzt werden muss. Bei Verben ist es wichtig, dass du auf die richtige Zeitform achtest. Manchmal ist auch ein Verb in der falschen Zeitform unter die vorgegebenen Wörter gemischt worden. Darum ist es wichtig, die verwendete Zeitform im ganzen Text noch einmal zu prüfen.

Wichtig ist, dass du dir einen guten Überblick über die englische Grammatik verschaffst. Angaben zur Grammatik findest du in deinem Englischbuch oder in einer Grammatikübersicht in deiner Schulbücherei. **Vorsicht:** In dieser Aufgabe sind mehr Wörter in der Box vorgegeben als du tatsächlich benötigst! Du musst dir also immer erst den ganzen Satz lesen und dann entscheiden, welches Wort nun tatsächlich in die Lücke passt.

D Text Production

Choose one of the following tasks and write about 150 words. Count your words and write the number at the end of the text.

1. Writing a report
You are a reporter for your bilingual school newspaper. The next issue is about climate change.

   Write about ...
   - the causes of climate change
   - the dangers and consequences
   - what you could do to save energy at school
   - what your school has done so far in order to save energy
   - your suggestions for further activities

2. Writing an essay
Write an essay about whether school uniforms should be introduced in Germany.

   Write about ...
   - the advantages of school uniforms
   - the disadvantages of school uniforms
   - the role of fashion at school
   - your own opinion on the issue

3. Writing a formal letter
You have read about Lord's School in Chester on the Internet and you would like to go there for a year. You would like to introduce yourself and ask for more information. Write a formal letter to this school.

Write about ...
- yourself, your interests and your education
- your knowledge of English
- why you are interested in this school

Ask three questions of your choice.

Lösungshilfen

Das Wichtigste ist nun, zu entscheiden, welche der drei Aufgaben du angehen willst. Sieh dir genau an, was verlangt wird. Notiere für dich selbst, was du bei den Aufgaben genau tun musst:

1. ____

2. ____

3. ____

In **Aufgabe 1** sollst du einen Bericht *(report)* schreiben. Dafür hast du in Teil A dieses Buches ausführliche Hinweise bekommen (siehe Seite 10, 31). Für das Thema „Klimawandel" und „Energiesparmaßnahmen" benötigst du Hintergrundinformationen, die du in deinem Artikel erläutern sollst.
Sammle nun in Stichworten (oder in einer Mindmap auf einem gesonderten Blatt) alles, was du über den Klimawandel, seine Folgen und mögliche Gegenmaßnahmen weißt:

Überlege dir, welche Überschrift dein Artikel haben soll, um die Leserschaft für das Thema zu interessieren. In deinem Einleitungssatz musst du über das Thema informieren und die Leser neugierig machen. Formuliere hier eine Schlagzeile und deinen Einleitungssatz:

Formuliere die Informationen zum Klimawandel und zu Energiesparmaßnahmen aus und verwende dabei die Verbindungswörter, die auf Seite 32 empfohlen werden:

Bei **Aufgabe 2** sollst du schriftlich diskutieren, ob Schuluniformen an deutschen Schulen sinnvoll wären. Notiere zuerst für dich selbst, was du über Schuluniformen weißt. Du kannst die Vor- und Nachteile in einer Tabelle gegenüberstellen.

Schreibe nun einen Einleitungssatz zu deinem Text. Auch hier kann die Verwendung der Verbindungswörter, die in Teil 1 dieses Buches vorgestellt wurden, sinnvoll sein:

Formuliere nun anhand deiner Stichworte einen zusammenhängenden Text über die Rolle von Kleidung an der Schule, die du auch mit Beispielen illustrieren solltest. Erläutere dann die Vor- und Nachteile von Schuluniformen und schreibe im Schlusssatz deine eigene Meinung zu diesem Thema.

In Aufgabe 3 sollst du einen Bewerbungsbrief schreiben. Hierfür brauchst du nicht viele Hintergrundinformationen, denn schließlich sollst du die Fragen selbst formulieren. Du solltest aber wissen, wie ein formaler Brief aufgesetzt wird.
Notiere nun in Stichworten die wichtigsten Informationen zu deiner Person:

Schreibe nun eine korrekte Anrede und formuliere deine Informationen aus:

Nun kannst du die Frage zu den Arbeitsbedingungen und zu weiteren Informationen formulieren und einen Schlusssatz hinzufügen. Vergiss deine Unterschrift nicht!

Test 1 – Auswertung

Zeitplanung

So, der erste Beispieltest ist geschafft. Nun kann es an die Auswertung gehen. Zunächst musst du dir klar machen, wie deine Zeitplanung aufgegangen ist. Wenn du, wie zuvor in den Bearbeitungshinweisen empfohlen, bei jeder Einzelaufgabe notiert hast, wann du damit begonnen und wann du sie beendet hast, wird es dir nicht schwerfallen, die folgende Tabelle auszufüllen:

Prüfungsteil	Zeitvorgabe (Minuten)	benötigte Zeit
A: Listening Comprehension	30	
B: Reading Comprehension	25	
C: Use of Language 1. Mediation 2. Words and structures	40	
D: Text Production	30	
Puffer zur Überarbeitung	10	
Test insgesamt	**135**	

Wenn du deutlich von den Vorgaben abweichst, solltest du überlegen, woran das liegen könnte, und daraus für das nächste Testbeispiel Schlussfolgerungen ziehen.
Wahrscheinlich wirst du feststellen, dass du beim **ersten Prüfungsteil**, den Hörverstehensaufgaben, ganz gut in der Planung liegst oder auch mit weniger Zeit auskommen würdest. Hier hast du wenig Möglichkeiten, die Bearbeitungszeit zu beeinflussen, weil sie von der Länge der Hörtexte abhängt. Bei der Abschlussprüfung sind diese aber mehrfach erprobt, und es wird sicher so sein, dass du mit der Arbeitszeit zurechtkommst.

Beim **zweiten Prüfungsteil** gibt es keine festen Vorgaben für die Einzelaufgaben, und du wirst wahrscheinlich deutlicher abweichen. Dafür kann es viele Gründe geben. Wenn du z. B. merkst, dass du nicht genug Zeit für die Schreibaufgaben hattest, dann hast du an einer anderen Aufgabe länger gearbeitet, als du solltest. Bei den folgenden Tests gehst du in diesem Fall am besten so vor, dass du dir für jede Aufgabe selbst eine Zeitvorgabe machst, deinen Wecker stellst und die Bearbeitung der Aufgabe beendest, sobald dieser klingelt – auch wenn du noch nicht fertig bist. Du wirst nach und nach herausfinden, wie viel Zeit du für eine Aufgabe sinnvollerweise ansetzen solltest. Dabei ist natürlich auch wichtig, dass du deine Lösungen mit denen des Lösungshefts vergleichst. Solltest du dabei z. B. feststellen, dass du eine Teilaufgabe nicht so gut gelöst hast, dann könntest du als ersten Schritt für diesen Aufgabentyp mehr Zeit beim folgenden Test einplanen.

TIPP zur Zeitplanung in Teil 2

1. Mache dir klar, wie viel Zeit du für eine Aufgabe (oder Teilaufgabe) hast.
2. Stelle deinen Wecker entsprechend ein.
3. Beende die Arbeit, wenn der Wecker klingelt – auch wenn du noch nicht ganz fertig bist.
4. Notiere die Zeit.
5. Plane einen Zeitpuffer am Ende ein (ca. 10 Minuten), den du nutzen kannst, um eventuell noch einmal zurückzugehen oder Lösungen zu überarbeiten.

Bei den Hörverstehensaufgaben, den Aufgaben zum Wortschatz oder zum Leseverstehen gibt es eindeutig richtige oder falsche Lösungen, die du leicht kontrollieren kannst. Solltest du einen Fehler gemacht haben, dann schau dir die Aufgabe noch einmal an und versuche herauszufinden, was du falsch gemacht hast.
Bei den Aufgaben, bei denen du längere Texte schreiben sollst, können die Lösungen nicht eindeutig richtig oder falsch sein. Es gibt daher auch nur Lösungsvorschläge. Für dich ist die Kontrolle hier deutlich schwieriger. Wenn du sprachliche Fehler gemacht hast, dann wirst du das vielleicht nicht so leicht bemerken – sonst hättest du sie ja wahrscheinlich gar nicht gemacht. Hier wäre es sicher besser, wenn eine andere Person, etwa ein Klassenkamerad oder eine -kameradin, deine Lösungen kontrolliert und ihr anschließend gemeinsam überprüft, welche Fehler du gemacht hast. Vielleicht kannst du auch deine Lehrerin oder deinen Lehrer fragen, ob sie oder er deine Übungen durchsieht. Was den Inhalt betrifft, gilt eigentlich dasselbe: Eine andere Person kann sicher besser als du selbst bewerten, wie nahe du dem Lösungsvorschlag gekommen bist beziehungsweise wo du deutlich abweichst.
Wenn du niemanden finden kannst, der mit dir zusammenarbeitet, dann lass auf jeden Fall mindestens einen Tag vergehen, bevor du dir die Lösungen im Lösungsheft ansiehst. Dann hast du deine eigenen nicht mehr so genau im Kopf und es wird dir leichter fallen, deine Texte „neutral" durchzusehen und Fehler zu erkennen.
Nimm dir auf jeden Fall viel Zeit und Ruhe für die Kontrolle und mache dir klar, was gut geklappt hat und was nicht.
Am besten schreibst du es hier auf:

Das ist mir gut gelungen:
(z. B.: Ich habe keine Probleme mit der Zeiteinteilung bei … gehabt.
Die Hörverstehensaufgaben habe ich überwiegend richtig gelöst. …)

Das war schwierig für mich:
(z. B.: Bei Aufgabe … habe ich zu viel Zeit benötigt.
Ich hatte Schwierigkeiten bei …)

Was bedeutet dies für den nächsten Test?

Notiere hier, was du beim nächsten Test besser machen beziehungsweise worauf du besonders achten möchtest. Das kann die Zeitplanung ebenso betreffen wie die Bearbeitung einzelner Teilaufgaben. Lies dir das, was du hier notierst, auf jeden Fall noch einmal durch, bevor du dich an den nächsten Test heranwagst!

Darauf möchte ich beim nächsten Test genauer achten: ______

______

______

______

______

______

Vorschläge zur Wortschatzerweiterung

Du hast dich in diesem Test mit dem Thema Schule beschäftigt und sicherlich gemerkt, dass du in diesem Bereich schon über eine Menge sprachlicher Möglichkeiten verfügst. Eine Erweiterung deiner Fähigkeiten ist aber in jedem Fall sinnvoll. Deshalb findest du hier ebenso wie im Anschluss an die folgenden Beispieltests Ideen und Vorschläge, die dir dabei helfen werden. Diese sind nicht so zu verstehen, dass du sie alle in der vorgegebenen Reihenfolge durcharbeiten musst, sondern du solltest selbst entscheiden, welcher Idee du nachgehen willst. Wichtig ist, dass du dich auf jeden Fall damit beschäftigst und zumindest einige der Schritte auch tatsächlich durchführst.

Auf der Grundlage dessen, was du in diesem Test gehört, gelesen und geschrieben hast, fällt es dir sicher nicht schwer, mit der Technik des *mindwalking* (siehe Kapitel A 6 „Wortschatzerweiterung“, S. 32) zunächst eine Bestandsaufnahme dessen zu machen, was du bereits weißt, um dann eventuell noch vorhandene Lücken zu füllen oder deinen Wortschatz in weitere Bereiche auszudehnen. Dein wichtigstes Hilfsmittel ist hier natürlich ein Wörterbuch.

<u>Step 1:</u> Sit back, relax and imagine your school. What does it look like? What rooms are there and where are they? What is in each room? Do you see any pupils or teachers (or anybody else)? Who? Where? What are they doing?
Mache einfach einen gedanklichen Rundgang durch deine Schule:

I enter the school building through the main entrance. Then I walk ______

In the office, there is the secretary, Mrs ______. She is working at her desk.

______ In classroom 102, Mrs ______ is teaching 6a, they are doing a

history lesson. At the moment they are watching a film about ______

______

The caretaker is working in the corridor. He is ______

Step 2: Jetzt bietet sich wieder an, eine grobe Skizze deiner Schule anzufertigen, deinen Weg durch Pfeile zu markieren und die Skizze zu beschriften, so wie du es im Kapitel A 6 „Wortschatzerweiterung" gelernt hast.

Step 3: Sollten dir bei deinem *mindwalk* Lücken aufgefallen sein, kannst du diese nun mithilfe deines Wörterbuchs füllen und in die Skizze übernehmen.

Step 4: Erstelle nun einen ***key*** (vgl. wieder Kapitel A 6) zu deiner Skizze, z. B. eine Tabelle, in der du die Begriffe aus deiner Skizze systematisch anordnest. Hier kannst du natürlich weitere Begriffe ergänzen, die dir jetzt einfallen, wenn du systematisch vorgehst. Vielleicht hast du ja bei deinem Rundgang einige Räume vergessen? Oder es fallen dir weitere schultypische Gegenstände ein? Vervollständige auch die Liste der Fächer.

rooms	objects	people	subjects	activities
classroom office corridor ...	desk DVD player computer ...	myself secretary caretaker ...	History ...	work teach watch ...

Step 5: Ist dir schon einmal aufgefallen, dass es meistens recht einfach ist, die Vokabeln für Gegenstände oder Personen, also Nomen zu lernen? Andere Wortarten zu lernen, fällt oft schwerer. Du hast in deiner Tabelle oben schon eine Reihe von Verben in der Kategorie „activities" zusammengestellt. Schau sie dir noch einmal an und überlege, ob dir nicht ein paar weitere schultypische Tätigkeiten von Lehrern oder Schülern einfallen. Versuche es mit einen ***mindwalk*** durch die Zeit, indem du einen ganzen Schultag zeitlich an dir vorüberziehen lässt. Welche Tätigkeiten (geistige und körperliche) führst du im Laufe eines Schultages (auch bei den Hausaufgaben) aus?

When I arrive in my classroom, I sit down at my table and start talking to my classmates. Then the teacher enters, says „Good morning" and tells us to ...
So we start to ...

Auch diesen *mindwalk* kannst du ordnen: Gehe von deinem Tagesablauf aus und notiere an einem Zeitstrahl oder einer Art Stundenplan, was dir eingefallen ist. Sicherlich kommst du so auf neue Aspekte, mit denen du deine Tabelle aus *step 4* ergänzen kannst.

Step 6: Bisher bist du von deiner eigenen Schulerfahrung ausgegangen. Was weißt du aber über Schulen in England? Da gibt es einige Dinge, die bei uns nicht üblich sind. Erinnere dich an das, was du über englische Schulen gelernt hast. Versuche jetzt einen Perspektivwechsel und begib dich auf einen *mindwalk* als englischer Schüler oder englische Schülerin in einer englischen Schule. Denke entweder an einen Tagesablauf oder überlege, wie du dir die Schule vorstellst.
Wenn du dir nicht sicher bist, dann findest du im Lehrbuch ganz bestimmt eine *unit,* die mit dem britischen Schulsystem zu tun hat. Du kannst auch die Website einer englischen Schule besuchen und diese im Hinblick auf neue Punkte oder brauchbare Formulierungen überfliegend lesen. (Ein ergiebiger, leicht verständlicher Fundort ist z. B. http://www.woodlands-junior.kent.sch.uk/ourschool/)
Mit den Ergebnissen kannst du deine Tabelle um Aspekte ergänzen, die es in England gibt, aber nicht bei uns. Das funktioniert nicht bei allen Kategorien, aber doch bei einigen, z. B.:
– *Subjects: Drama ...*
– *Activities: pupils and teachers assemble in the assembly hall*

Step 7: Bisher hast du sprachliche Mittel für ganz konkrete Dinge rund um Schule gesammelt. Wende dich jetzt einmal abstrakteren Aspekten zu (mit der Liste der Schulfächer hast du das schon begonnen). Überlege, welche Schultypen oder Schulformen es gibt. Dir ist sicherlich auch klar, dass die Schulsysteme in verschiedenen Ländern unterschiedlich gestaltet sind, dass also auch die Schulformen nicht immer ein wirkliches Gegenstück im jeweils anderen Land haben. Versuche in der folgenden Liste englischer Schultypen entweder das deutsche Gegenstück zu ergänzen oder aber zu erklären, um was für eine Art Schule es sich handelt.

England	**Germany**
primary school	
comprehensive school	
grammar school	
public school	
boarding school	

Step 8: Bisher hast du Adjektive zum Thema Schule allenfalls zufällig gesammelt. Das scheint zunächst auch nicht so wichtig zu sein, denn man könnte immer sagen, dass Noten, Schüler, Lehrer, Fächer usw. „bad" oder „good" sind. Doch im Deutschen kennst du bestimmt viele Begriffe, die eng mit diesen beiden zusammenhängen, die die gleiche Vorstellung entweder stärker oder schwächer ausdrücken, z. B. „super", „hervorragend" oder „katastrophal", „grottenschlecht". Stelle in zwei Listen englische Adjektive zusammen, die etwas positiv oder negativ bewerten. Du kennst sicher schon eine ganze Menge.

Step 9: Blicke zum Schluss noch einmal auf das zurück, was du in Listen, Tabellen oder Mindmaps zum Thema Schule zusammengestellt hast, und markiere die Wörter, die du nicht (mehr) wusstest und aus Wörterbuch, Lehrbuch oder Texten herausgesucht hast. Schau dir die markierten Wörter in den nächsten Tagen immer wieder an, überlege, ob dir die Bedeutung noch klar ist, und vor allem versuche, sie im Englischunterricht in der Schule oder in Hausaufgaben (wenn möglich auch in E-Mails oder Chats mit englischsprachigen Partnern) anzuwenden. Je öfter du das tust, desto besser behältst du die Wörter.

Checkliste für Testbeispiel 2

Bevor du nun mit Test 2 beginnst, gehe erneut die bereits bekannte Checkliste durch. Die Zeitvorgaben solltest du hier selbst einsetzen, aber darauf achten, dass du die Gesamtarbeitszeit für die Prüfungsteile (135 Minuten) bei der Planung einhältst.

CHECKLISTE

1. **Zeit**
   Ich habe genug Zeit, um den Test an einem Stück durchzuarbeiten. ○

Sinnvolle Zeiteinteilung:

für *Listening Comprehension*	30 Minuten	○
für *Reading Comprehension*	25 Minuten	○
für *Mediation*	20 Minuten	○
für *Words and structures*	20 Minuten	○
für *Text Production*	30 Minuten	○
Puffer für Überarbeitung	**10 Minuten**	○

2. **Ort**
   Ich kann hier voraussichtlich ungestört arbeiten. ○

3. **Arbeitsplatz**
   Ich habe: ○
   - eine Uhr (möglichst mit Weckfunktion) ○
   - Schreibmaterialien ○
   - die Audio-CD zum Arbeitsbuch ○
   - einen CD-Spieler ○
   - ein zweisprachiges Wörterbuch ○
   - und **sonst nichts**!

Angeleiteter Test 2 – Holidays and free time

A Listening Comprehension

Part One

The Great British Heritage Pass

CD: Track 7

In Part One you are going to hear some information about an attractive new aid for visitors to Britain.

Sometimes more than one answer is correct.
There are five tasks. Tick ✔ the right answers.
Listen to the text twice. Read the tasks before listening to the information.
You have 20 seconds to read the tasks.
You can start working while listening.

1. The New British Heritage Pass is valid for ...
   a) ◯ six days.
   b) ◯ one week.
   c) ◯ four days.

2. It gives unlimited admission to ...
   a) ◯ castles, churches, and parks.
   b) ◯ homes, castles, and gardens.
   c) ◯ houses, castles, and gardens.

3. It costs ...
   a) ◯ £20.
   b) ◯ £22.
   c) ◯ £32.

4. It is available to ...
   a) ◯ British people only.
   b) ◯ everybody.
   c) ◯ foreign visitors only.

5. The pass is also available for ...
   a) ◯ one year.
   b) ◯ one week.
   c) ◯ one month.

Lösungshilfen

Du hast selbstverständlich wieder die *three steps* angewendet. Vielleicht bist du auf ein Problem gestoßen, weil dir nicht ganz klar ist, was „heritage“ bedeutet. Gerate nicht in Panik: Es kann gut sein, dass du dieses Wort für die Lösung gar nicht benötigst. Du weißt, dass es sich um etwas handeln muss, das attraktiv für Touristen in Großbritannien ist. Und wenn du die fünf Aufgaben durchgegangen bist, weißt du auch, dass es sich wahrscheinlich um einen Ausweis handelt, den man erwerben kann und der den dann kostenlosen Eintritt zu Sehenswürdigkeiten ermöglicht. Du sollst also herausfinden,

1. wie lange der Ausweis gültig ist,
2. wo man ihn einsetzen kann,
3. was er kostet,
4. wer ihn kaufen kann und
5. ob es solche Ausweise auch mit anderen Laufzeiten gibt.

Wie genau der Ausweis heißt, ist völlig unwichtig für die Lösung der Aufgabe.

Part Two

An unusual sport

CD: Track 8

In Part Two you are going to hear a radio interview with David about his free-time interests.

There are ten tasks. Tick ✔ the right answers.
Listen to the text twice. Read the tasks before listening to it.
You have 30 seconds to read the tasks for the interview.
You can start working while listening.

1. David is ____________________ years old.

2. He is the sports personality of the ...
   a) ○ year.
   b) ○ month.
   c) ○ week.

3. He represents the school at ...
   a) ○ football, athletics, swimming and handball.
   b) ○ rugby, athletics, swimming and handball.
   c) ○ rugby and athletics.

4. David's ____________________ got him interested in handball.

5. There are ____________________ teams from London.

6. David goes to handball practice ________________________________ .

7. The level of handball in Britain is ...
   a) ◯ better than in other European countries.
   b) ◯ as good as in other European countries.
   c) ◯ not as good as in other European countries.

8. In the future, David wants to play ...
   a) ◯ for a London club.
   b) ◯ for a foreign club.
   c) ◯ for the England team.

9. The instrument David plays is the ________________ .

10. At first he didn't like playing this instrument because ...
    a) ◯ he had to work hard to get good at it.
    b) ◯ he thought it was boring.
    c) ◯ he didn't have enough time for his sports.

Lösungshilfen

Diese Aufgabe ist ähnlich wie die entsprechende Aufgabe im ersten Test: Es handelt sich wieder um ein Interview, diesmal zu den Freizeitaktivitäten eines gewissen David, insbesondere zu dem Sport, den er ausübt. Wenn du die Aufgabe genau gelesen hast, weißt du wahrscheinlich schon, um welche Sportart es sich handelt. Du könntest also bereits einen Teil lösen, ohne den Text gehört zu haben. Du weißt ebenfalls schon, dass David auch ein Instrument spielt und dass du heraushören sollst, welches Instrument das ist. Kein Problem, oder?
Hör genau auf die Fragen des Gesprächspartners: Sie strukturieren Davids Antworten und machen es dir leichter, dich zu orientieren.
Wieder gilt: **Lass dich nicht aus der Ruhe bringen, wenn du etwas nicht verstehst!** Du hörst den Text ja ein zweites Mal und kannst dann gezielter hinhören.

Part Three

Do you do sports?

CD: Track 9

In Part Three you are going to hear five pupils talk about sports.

There are five tasks. Choose the right number for each task.
Listen to the text twice. Read the task before listening to each text. You have 10 seconds to read the tasks.

1. Speaker ________________ takes sports seriously.

2. Speaker ________________ was sporty as a child.

3. Speaker ________________ hates sports.

4 Speaker ______________ does sports to have a nice figure.

5 Speaker ______________ is not an active sports person.

Lösungshilfen

Entscheidend für die Lösung dieser Aufgabe ist, dass du den Überblick nicht verlierst. Markiere die Wörter, auf die du achten musst, wenn du den Text hörst.
Für 1 wäre das wohl „seriously" – du suchst nach einer Person, für die Sport wichtig ist.
In 2 „child" – du suchst nach jemandem, der als Kind sportlich war (jetzt aber vielleicht nicht mehr).
Die Person in 3 mag keinen Sport, es geht um „hate".
Bei 4 ist „a nice figure" von Bedeutung – vielleicht eine Frau?
Und dann muss da noch jemand sein, der nicht aktiv Sport treibt, also (5) „not active".

TIPP

Schreibe **beim ersten Hören** deine Lösungen nur schwach (vielleicht mit Bleistift).
Erst **beim zweiten Hören**, wenn du dir sicherer bist, schreibst du deine Lösung deutlich auf.

Beim ersten Hören solltest du noch vorsichtig sein und die Lösung nur andeutungsweise hinschreiben. Beim zweiten Hören wirst du wahrscheinlich sicherer wissen, welche Antwort richtig ist.

B Reading Comprehension

1 Sightseeing

These people are tourists in London. Read what they are interested in and decide what they should visit in the British capital. Write the correct letters in the empty boxes next to the sights and events.

A:	**Diana** (64) from Australia loves going out in the evening. She is very interested in Shakespeare's plays, but this time she would like to see a musical.
B:	**Harry** and **Sally** (21) from Canada are interested in British history. They don't want to walk around London.
C:	**Marco** (16) from Germany is visiting London with his parents. He is interested in mystery stories, horror movies and likes playing computer games.
D:	**Paul** (43) from Dublin is a professor of English literature and wants to see a classical play.
E:	**Joanna** (28) is spending her weekend in London to go out in the evening and to go shopping. She needs an umbrella and a new raincoat.

1:	**The Globe Theatre: *Hamlet*** The Globe's *Hamlet* is both passionate and dramatic: classical drama at its most intense. With set and costumes based on the original Elizabethan theatre, this critically acclaimed production is an unforgettable theatrical experience.	☐

2:	***The Lion King*** *The Lion King* is the much-loved musical stage adaption of Disney's hugely successful animated film. Released in 1994, The Lion King is one of Disney's most popular modern movies.	
3:	**The Tower of London** The Tower of London was built after the Norman Conquest in 1066 by William the Conqueror. Since then it has been a fortress, a prison and a palace during its often bloody history. Nowadays, the Crown Jewels can be seen here.	
4:	**Hamleys** Hamleys is one of the world's largest toy shops, located at 188 –196 Regent Street. With its vast selection of children's playthings, it is considered one of London's major tourist attractions, also for adults.	
5:	**Open top double-decker bus tour** Check out one of the world's most exciting cities with a hop-on, hop-off tour, stopping at up to 90 different places around central London. Each tour with its unique entertaining commentary – great value for money!	
6:	**Harrods** Harrods in London's Knightsbridge has become a tourist destination in its own right – beyond being a mere department store. This is the place to buy everything from a Chelsea bun to a grand piano, groceries, books, clothes – you name it, they have it. Pop into one of the marvellous restaurants to relax after long shopping hours.	
7:	**Jack the Ripper walking tour** As darkness descends on London, venture back into 1888, when Jack the Ripper terrorised the streets at night. Walk the streets where he butchered his victims and find yourself stumped by the mystery: Who was he? This tour is not suitable for children under fourteen.	

Lösungshilfen

Wie im ersten Test geht es auch hier wieder darum, anhand von Schlüsselbegriffen die Informationen für Touristen den richtigen Personen zuzuordnen. Falls du einige Wörter nicht kennst, helfen dir wie im ersten Test die folgenden Hinweise. Die richtigen Lösungen findest du dieses Mal aber nur im Lösungsheft.

A: Diana möchte mit Sicherheit ins Theater gehen. Suche nach einem Musical.
B: Harry und Sally möchten die Londoner Innenstadt nicht zu Fuß erkunden. Welche Möglichkeiten bieten sich ihnen?
C: Marco wird sich für das gruseligste Angebot der Londoner Stadtführung interessieren.
D: Paul möchte ein klassisches Theaterstück sehen.
E: Joanna möchte vor allem einkaufen gehen. Wo wird sie am ehesten fündig?

❷ Read the text and tick ✔ the right statement.

ProActive Adventure

ProActive Adventure is an outdoor activity centre in the beautiful North Wales town of Llangollen, home of the International Eisteddfod. The company has many years' experience of providing outdoor programmes for schools and other youth groups. All our instructors are highly motivated, professionally qualified and widely experienced leaders. They all hold First Aid certificates.

We are based at Tyn Dwr Hall. The centre is a fantastic old country house, situated in historic woodlands. It has room for up to 72 visitors and can offer a range of accommodation from a Yurt[1] Camp to single or four-bedded en-suite rooms[2]. The cost of accommodation is very reasonable and ideal for school activity trips. The centre also has several classrooms and IT facilities as well as a games room, a shop and picnic areas. The centre has disabled facilities but only for limited numbers.

There is a full range of activities on offer from which you can choose. They can be undertaken as half or full-day sessions. Most schools choose to do one activity in the morning and another in the afternoon. Evening sessions are also available.

At our Llangollen centre we can offer a range of on-site activities and team development challenges. On the Climbing & Abseiling Tower you can learn new climbing skills and try abseiling on our tower. This is great for an introduction to the sport or as a group activity and very popular with our school visitors. We also have a specially built BMX circuit and a High Ropes Course where you can test your nerve on the high abseil platform. There are a number of challenges high among the trees. This is a great team activity that involves everyone. Did you know that the longbow was invented in Wales? At our centre you have the chance to try this ancient skill at our archery range. Of course, we also offer a number of challenges to help develop your team skills, or if you prefer, they can be just for fun.

Naturally, you can also enjoy many different outdoor activities such as hill walking, mountain biking, rock climbing and abseiling. Depending on the age group and level of ability these activities will vary in difficulty from easy for beginners to challenging for the experienced. If you like water sports, you can opt for kayaking or Canadian canoeing and explore nearby lakes, rivers and the scenic canals of North Wales. If you prefer expeditions with overnight camping, this can also be arranged.

However, if you like real adrenaline water sport, then white water[3] rafting is for you. We offer sessions at the national white water centre for Wales near Bala. Sessions are two hours long. Another popular but challenging activity is gorge[4] walking/gorge climbing. Gorge walking is what your mother told you not to do in rivers: Jumping off waterfalls, gorge climbing, abseiling down cliffs into plunge pools, sliding down rocks and most of all getting wet!

Teachers are welcome to arrange pre-visits. We also provide a teacher pre-visit information pack which includes useful information. For bookings & general queries regarding our outdoor activity centre & our wide range of out-door activities please contact us using the enquiry form on www.proactive-adventure.com or call our Head Office on 01588 630123.

Quelle: www.proactive-adventure.com

Annotations:

1 **Yurt** – a round tent used by nomads in central Asia
2 **en-suite room** – room with a private bathroom
3 **white water** – water in a river that looks white because it is running very fast over rocks
4 **gorge** – dt.: Schlucht

Lösungshilfen

Wenn du die Aufgaben liest, überlege bei jeder Aussage, was von dir erwartet wird (vgl. Kapitel A 3 „Leseverstehen“, S. 19). Sollst du
- gezielt nach einer konkreten Information suchen?
- Zusammenhänge verstehen?
- das Thema des Textes ermitteln?

	true	false
1. Outdoor and indoor activities can be booked at the centre.	○	○
2. The ProActive Adventure Centre is the right place for people who want to do a course in First Aid.	○	○
3. If you are handicapped, you cannot stay at the centre.	○	○
4. All the activities are the same for all age groups.	○	○
5. The area of the ProActive Adventure centre is quite large.	○	○
6. The participants have to leave the site for some activities.	○	○
7. There is no special information for teachers or schools.	○	○

Lösungshilfen

Mit einer Ausnahme geht es bei den Fragen darum, gezielt nach Informationen zu suchen. Falls du die Ausnahme, nämlich Frage 5, nicht als solche erkannt hast, überlege hier noch einmal genau, wie du die Frage beantworten würdest und warum deine Antwort so lautet.
Nun bekommst du einige Hinweise zu den einzelnen Fragen (Lösungen im Lösungsheft).

1. Der erste Absatz beantwortet die Frage. Zur Sicherheit kannst du aber auch noch einmal die einzelnen Aktivitäten durchgehen.

2. Du musst die Stelle finden, wo „First Aid" erwähnt wird, nämlich am Ende des ersten Absatzes. Welche Information wird hier gegeben? Und über wen? Dann müsste die Antwort klar sein.
3. Du kennst sicher das Problem, dass manchmal Orte und Einrichtungen nicht behindertengerecht sind. Welche Auskunft gibt der Text am Ende des zweiten Absatzes?
4. In einem Absatz wird etwas zu Altersgruppen gesagt.
5. Dies ist die Frage, zu der du keine direkte Antwort an einer bestimmten Stelle findest, weil die Größe nirgendwo beschrieben wird. Hier musst du aus dem, was über das Zentrum gesagt wird, auf seine Größe schließen. Informationen, die das zulassen, finden sich im zweiten und vierten Absatz.
6. Die wesentlichen Informationen gibt Absatz 5.
7. Der letzte Absatz sagt etwas über die Vorbereitung auf einen Besuch.

---

3 Read the text and write down your answers.

Is it "Game over"?

Many teenagers have favourite music, film and sports stars. Read the following text about sports idols and whether they influence the teenagers of today. Then complete the five tasks.

A lot of teenagers are impressed by sports idols like David Beckham and Michael Owen. However, there are very few actually inspired to follow in their footsteps.

Children complain about a lack of facilities, cold weather, pressure to be competitive or the sports kit in the sports lessons.

They spend a fortune on the most stylish trainers, designer sports gear and the 'must-have' football shirt of their idols, yet it is all just fashion. These clothes are rarely used for sports activities.

In spite of their huge salaries and the film-star lifestyles of top sports stars, there is a PE[1] crisis in Britain's schools. This could have a bad effect on Britain's sporting future and the health of generations to come.

Sport at school is regarded as 'not trendy'. 30 % of the boys and 70 % of the girls do little exercise, if any at all.

Girls in particular do not like activities such as swimming because it spoils their hair.

They like the idea of being slim. So they smoke or suppress their appetite rather than developing a healthy lifestyle.

A lot of kids these days like sitting at home with play stations and computers, but in former times it was different. Kids then used to tell their parents they had no homework, went straight off down to the local field to play football and did their homework later in the evening. It was very important for them to keep fit and healthy.

But the culture of our society has changed: parents are no longer willing to let their kids play football in the park because of safety issues, the safer option for parents is to have their children indoors, where they can keep an eye on them.

Many years ago it was football in winter and cricket in summer; children rarely had any other free-time activities. Today it is different. This is why big efforts are being made to give schools adequate facilities[2]. The intention is to fight the trend amongst teenagers of becoming couch potatoes.

Quelle: Abschlussprüfung Englisch 2006

Annotations:

1 **PE** – Physical Education, dt.: Sportunterricht

2 **facilities** – dt.: Ausstattung

a) Why aren't teenagers inspired to follow their sports idols' footsteps these days?

____

b) Why do they spend their money on sports gear?

____

c) What do kids do in their free time?

____

d) What was different in the past?

____

e) What kind of an unhealthy lifestyle do girls often develop?

____

f) What must be done to prevent children from becoming couch potatoes?

____

Lösungshilfen

Auch hier geht es darum, gezielt nach Informationen zu suchen. Nun bekommst du wieder einige Hinweise zu den Fragen. Lies den Text in Ruhe und beantworte die Fragen der Reihe nach.

a) Die ersten beiden Absätze beantworten die Frage.
b) Hier sollst du den Widerspruch zwischen dem Modebewusstsein der Teenager und ihrem mangelnden Interesse an Sport herausarbeiten.
c) Was wird über das Freizeitverhalten von Teenagern gesagt?
d) In der zweiten Hälfte des Textes findest du Informationen zum Freizeitverhalten von Jugendlichen in früheren Zeiten.
e) Finde heraus, welches Ziel Mädchen oft verfolgen, und benenne Beispiele für einen ungesunden Lebensstil.
f) Hier sollst du dir Beispiele für „adequate facilities" überlegen und diese benennen.

C Use of Language

1. Mediation

Du bist mit deinen Eltern für eine Woche in London und ihr möchtet gern ein Musical besuchen. Dafür geht ihr heute los und wollt Eintrittskarten kaufen. Am Ticketschalter stehen vor euch zwei ältere Damen, die nur wenig Englisch sprechen. Du bietest deine Hilfe an.

Die beiden Damen: Wir würden gern „Cats" sehen. Gibt es für heute Abend noch zwei Karten?
Du (E): These two ...

____

____

Box office employee: Oh, I'm sorry but this show is sold out. I could offer you some tickets for the show on Thursday.
Du (D):

____

____

Die beiden Damen: Da können wir leider nicht, da wir Donnerstag bereits zurückfliegen. Hätten Sie noch Karten für ein anderes Musical? „Mamma mia" zum Beispiel? Gibt es dafür noch zwei Karten für heute Abend?
Du (E):

____

____

Box office employee: You are lucky! There are still tickets for today's show at 8.00pm. They are for £40 or cheaper ones for £22. What would you prefer?
Du (D):

____

____

Die beiden Damen: Wir nehmen die günstigeren Karten.
Du (E):

____

____

Box office employee: That will be £44. Two tickets for "Mamma mia" at 8.00 pm tonight. Anything else I can do for you?
Du (D):

____

____

Die beiden Damen: Wie kommen wir dort mit der U-Bahn hin? Ist eine U-Bahnstation in der Nähe?
Du (E):

____

____

Box office employee: Yes, you can go by tube. There is a station nearby. I will mark it on this map.
Du (D):

____

____

Die beiden Damen: Hier sind £44. Vielen herzlichen Dank.
Du (E):

____

____

Box office employee: Here are the tickets. Have a nice day.

Lösungshilfen

Bei dieser Aufgabe sollst du ein Gespräch dolmetschen. Achte darauf, dass du den Sinn der Aussagen nicht zerstörst. Du musst nicht wortwörtlich übersetzen. Du musst aber darauf achten, dass du die Sprechperspektive veränderst, denn du willst die Tickets ja nicht für dich haben, sondern versuchst, im Gespräch zwischen den zwei Damen und dem Ticketverkäufer zu vermitteln. Versuche, dich in die Situation zu versetzen. Die beiden Damen möchten gern ein Musical besuchen. Ihr erster Wunsch ist „Cats“. Hierfür kann der Verkäufer am Ticketschalter leider keine Karten mehr anbieten, da die gewünschte Show ausverkauft ist. Erst einige Tage später kann er hierfür Tickets anbieten. Da die beiden Damen da aber schon zurückfliegen, versuchen sie, mit deiner Hilfe ein anderes Musical für den heutigen Abend zu finden.

2. Words and structures

1 Read the text, then tick ✔ the correct words on the following page.

Who are the Aborigines?

The Aborigines are Australia's first people – they have lived in Australia for (1) ______________ 40,000 years. They lived all over Australia – and still do today. However, a lot has changed for them for the worse (2) ______________ the Europeans came to Australia in the 1700s.

The land is very important to Aboriginal communities, and non-Aboriginal people don't always understand this. Many Aborigines say they don't own the land, but the land owns them, and the land (3) ______________ they live is the centre of their lives.

British settlers did not accept that the Aborigines owned the land. For about 200 years (4) __________ the 1970s, white Australians could force the Aborigines to move from their traditional lands. What's more, people tried to (5) ______________ Aboriginal culture by taking Aboriginal children away from their families. Today, these children are called the "stolen generations".

Since the 1970s, however, white Australians have started to think (6) ______________ about the Aborigines. Some Aborigines have got their traditional land back. Because of problems like poverty and bad health, life is still (7) ______________ for Aborigines than it is for whites, but the future is looking better.

Quelle: Talitha Linehan, © *Spot on,* 03/2006, pp 14/15, www.spoton.de (adapted)

1.	lately	○
	at last	○
	at least	○
	at first	○
2.	when	○
	since	○
	for	○
	as	○
3.	which	○
	where	○
	that	○
	when	○
4.	during	○
	while	○
	when	○
	until	○
5.	define	○
	destroy	○
	destruct	○
	ruin	○
6.	diverse	○
	different	○
	differing	○
	differently	○
7.	hard	○
	harder	○
	hardest	○
	the hardest	○

Lösungshilfen

Du sollst Adverbien, Konjunktionen, Relativpronomen und Steigerungsformen auseinanderhalten, die sich sehr ähnlich sehen. Versuche, die Wörter möglichst genau zu übersetzen und überlege, wann man ein Adjektiv verwendet und wann ein Adverb. Bei Nr. 7 solltest du die drei Steigerungsformen des Adjektivs unterscheiden und richtig anwenden können.

D Text Production

Choose one of the following tasks.
(Making a mind map or a draft copy first might help you.)

1. Read the following advertisement.
You decide to write for more information. Write the letter using a suitable greeting and a suitable closing formula. Write about 150 words.

USTRAVEL
The Club for Travellers Worldwide
Do you sometimes travel abroad? Would you like to make friends and meet new people when you are in a foreign country?
Or do you live outside the USA and travel to the States? Do you want to make friends in the USA?
If so, join USTRAVEL! We have clubs in many North American cities. You can use our club rooms.
Write to us for free information. Just send us your personal details and we will send you our information brochures and membership forms by return of post!

Write today to:
USTRAVEL
37 Greenboro Road
Miami
Fl 33333
USA

The following points should be mentioned in your letter. Before starting the letter, decide the order in which you think these points should be included.
- Ask for more details (e. g. cost, registration, advantages of the club).
- Give three items of information about yourself.
- Say why you would like to join the club.

Count your words and write the number at the end of your text.

2. You want to travel to London.
Write an e-mail to a travel agency asking for information about
- good accommodation
- places to visit
- cheap ways of travelling
- museums, bars and restaurants

Lösungshilfen

Du musst nun wieder entscheiden, welche der beiden Aufgaben du angehen willst.

Für den Brief in **Aufgabe 1** brauchst du kein besonderes Hintergrundwissen, denn du sollst die wichtigsten Informationen erfragen. Außerdem solltest du dich selbst vorstellen können.
Sieh noch einmal nach, wie ein formaler Brief aufgebaut sein muss, wo die Adresse des Absenders und das Datum steht und verwende die korrekte Anrede und die Schlussformel.
Verwende auch diesmal die Verbindungswörter, die auf Seite 32 empfohlen werden.
Vergiss deine Unterschrift nicht!

In **Aufgabe 2** sollst du die Touristinformation anschreiben und dich über London erkundigen. Denk daran, dass eine E-Mail anders aufgebaut ist als ein formaler Brief und begründe dein Interesse an der Stadt.

Test 2 – Auswertung

Zeitplanung

Fülle zunächst wieder die Tabelle aus und mach dir damit klar, wie du mit deiner Zeitplanung zurechtgekommen bist.

Prüfungsteil	**Zeitvorgabe (Minuten)**	**benötigte Zeit**
A: Listening Comprehension	30	
B: Reading Comprehension	25	
C: Use of Language 1. Mediation 2. Words and structures	40	
D: Text Production	30	
Puffer zur Überarbeitung	10	
Test insgesamt	**135**	

Wenn alles geklappt hat, arbeite einfach mit denselben Zeiten weiter. Falls nicht, musst du überlegen, wo du Veränderungen vornehmen kannst, und dies entsprechend bei der Vorbereitung von Test 3 berücksichtigen. Schau besonders auf die drei Teilaufgaben der Schreibaufgabe. Hier kann es leicht passieren, dass man zu lange an einem Teil arbeitet und dann bei den anderen Teilen in Zeitdruck gerät.

Lösungen auswerten

Schau dir noch einmal die Hinweise zu den Lösungen bei Test 1 an. Dann solltest du deine Feststellungen wieder notieren:

Das ist mir gut gelungen: ____________________

____

____

____

Das war schwierig für mich: ____________________

____

____

____

____

Darauf möchte ich beim nächsten Test genauer achten: ____________________

____

____

____

Vorschläge zur Wortschatzerweiterung

Es ging in diesem Test um das Thema „Ferien und Freizeitaktivitäten". Dir fallen bestimmt selbst Möglichkeiten ein, wie du zum Thema Freizeitaktivitäten einen sinnvollen ***mindwalk*** durchführen könntest. Zur Orientierung findest du im Infokasten neben diesem Text noch einmal die Grundstruktur.

INFO Wortschatz erweitern

Step 1: Go on a mindwalk.
Step 2: Make a mindmap.
Step 3: Complete your mindmap.
Step 4: Write a key.
Step 5: Use the key.

Wenn du dem Prinzip folgst, zunächst bei dir selbst und deinen Erfahrungen und Fähigkeiten anzusetzen, könntest du in ***step 1*** z. B. von folgenden Vorstellungen ausgehen:

It's a nice day, the sun is shining, no homework, lots of free time ... Where shall I go? What shall I do? What are my friends doing? Where? When? ... What would I like to do? ... But if it's raining outside ...?

Oder du orientierst dich am besten an einem für dich und deine Familie oder Freunde typischen Wochenende, dessen Ablauf du in Gedanken durchgehst. Das könnte so aussehen:

It's Saturday morning. I get up late, have a shower, get dressed, and after breakfast ... .
In the afternoon I ... In the evening ...

Überlege selbst, wie du einen *mindwalk* zu diesem Thema sinnvoll gestalten möchtest.
In ***step 2*** solltest du deine Gedanken zu Papier bringen. Je nach Verlauf deines *mindwalk* kannst du dich an Orten orientieren (den Orten, an denen du Freizeitaktivitäten betreibst) oder an zeitlichen Abläufen (wenn du etwa ein Wochenende durchgegangen bist) oder auch bereits an abstrakteren Kriterien/Oberbegriffen (wie z. B. ***indoor*** und ***outdoor activities*** oder ***summer*** und ***winter).***

In ***step 3*** ergänzt du dann deine Mindmap wie gewohnt mithilfe des Wörterbuchs um die Punkte, die dir nicht sofort auf Englisch eingefallen sind.
Je nach dem Verlauf deines *mindwalk* und der Form deiner Mindmap wird in ***step 4*** dein ***key,*** also das Sortieren der Aspekte, auch unterschiedlich ausfallen. Wenn du durch deine Mindmap schon Vorsortierungen vorgenommen hast, wirst du dich natürlich auch daran orientieren. (Eine Möglichkeit wäre etwa, dass du Freizeitaktivitäten in einer Tabelle unter den Oberbegriffen ***outdoor activities*** und ***indoor activities*** ordnest).
In ***step 5*** solltest du versuchen, deine Tabelle zu erweitern. Eine Möglichkeit wäre, die Texte dieses Beispieltests durchzugehen und auf Aspekte hin zu **scannen**, die deine Tabelle ergänzen. Oder du kannst das Internet nutzen und Dinge einfügen, die du dort findest.

TIPP neue Wörter dauerhaft „lernen"

Da dein Gehirn große Schwierigkeiten hat, einzelne Informationen dauerhaft zu speichern, d. h. zu „lernen", musst du ihm helfen, indem du Informationen in Zusammenhängen ordnest. Du kannst deinem Gehirn diesen Speichervorgang deutlich erleichtern, wenn du ihm mehrere Angebote machst.

Das tust du, wenn du die „neuen" Wörter und Redewendungen – am besten mehrmals – umsortierst, also in andere Zusammenhänge bringst. Dazu solltest du dir deine Tabellen und Listen in den folgenden Tagen öfter ansehen und neu ordnen, etwa nach deinen persönlichen Vorlieben (unter den Überschriften ***activities I like*** und ***activities I hate)*** oder deinen Erfahrungen und Wünschen ***(what I have done*** und ***what I would like to try).***

Durch das immer wieder neue Sortieren von Wortschatz lernst du Vokabeln ohne große Anstrengungen. Wenn du bei deiner Arbeit ein Computer-Programm (vgl. TIPP unten) zur Erstellung von Mindmaps verwendest, ist das Umsortieren gar nicht so mühsam, wie es hier vielleicht aussieht.

Zum Thema „Ferien" kannst du natürlich genauso vorgehen wie beim Thema „Freizeit". Es gibt aber auch viele andere Möglichkeiten: Du könntest z. B. eine imaginäre Weltreise machen oder an eine deiner letzten Ferienreisen denken und sie im Kopf nach-„gehen", du könntest spekulieren, was du in den nächsten Ferien machen willst, oder du könntest eine Fantasiereise durch einen idealen Ferientag an einem idealen Ort machen.

Du siehst, vieles ist hier denkbar, und eigentlich ist es egal, wie du an die Aufgabe herangehst. Wichtig ist, das zu berücksichtigen, was du in Bezug auf Wortschatzerweiterung schon gelernt hast: Bemühe dich, unterschiedliche Wortarten (Nomen, Verben, Adjektive) in den Blick zu nehmen und erleichtere deinem Gehirn das Speichern dieser Wörter dadurch, dass du sie in immer neue Zusammenhänge bringst.

TIPP zu Mindmaps

Wenn du einen Computer hast, dann lade dir doch über das Internet die kostenlose Software **„FreeMind"** herunter. Das Programm ist einfach zu bedienen und du kannst damit leicht Mindmaps erstellen. Der Clou: Die Begriffe, die du in deine Mindmap schreibst, kannst du anschließend problemlos mit der Maus verschieben und neu anordnen. Damit bringst du leicht Ordnung in deine Mindmap und kannst so den vierten Schritt, das Erstellen geordneter Listen, erledigen, ohne Dinge mehrfach schreiben zu müssen. Du sparst dir viel Arbeit und Papier!

Plane als Beispiel eine vierwöchige Reise durch Großbritannien:
Step 1: Where would you like to go? Why to these places? What would you like to do there?

First I'd like to visit London because ______. There I would go to ______. Having a look at ______ would be most interesting for me because ______. Of course, I would go shopping in Wie hieß die Straße noch mal? The next town to visit would be ______.

Step 2: Schau dir die folgende Karte Großbritanniens an und markiere darin deine Reiseroute. Vielleicht fallen dir dabei ja noch weitere Orte oder Gegenden ein, die du gerne besuchen möchtest. Die kannst du gleich mit einbauen.

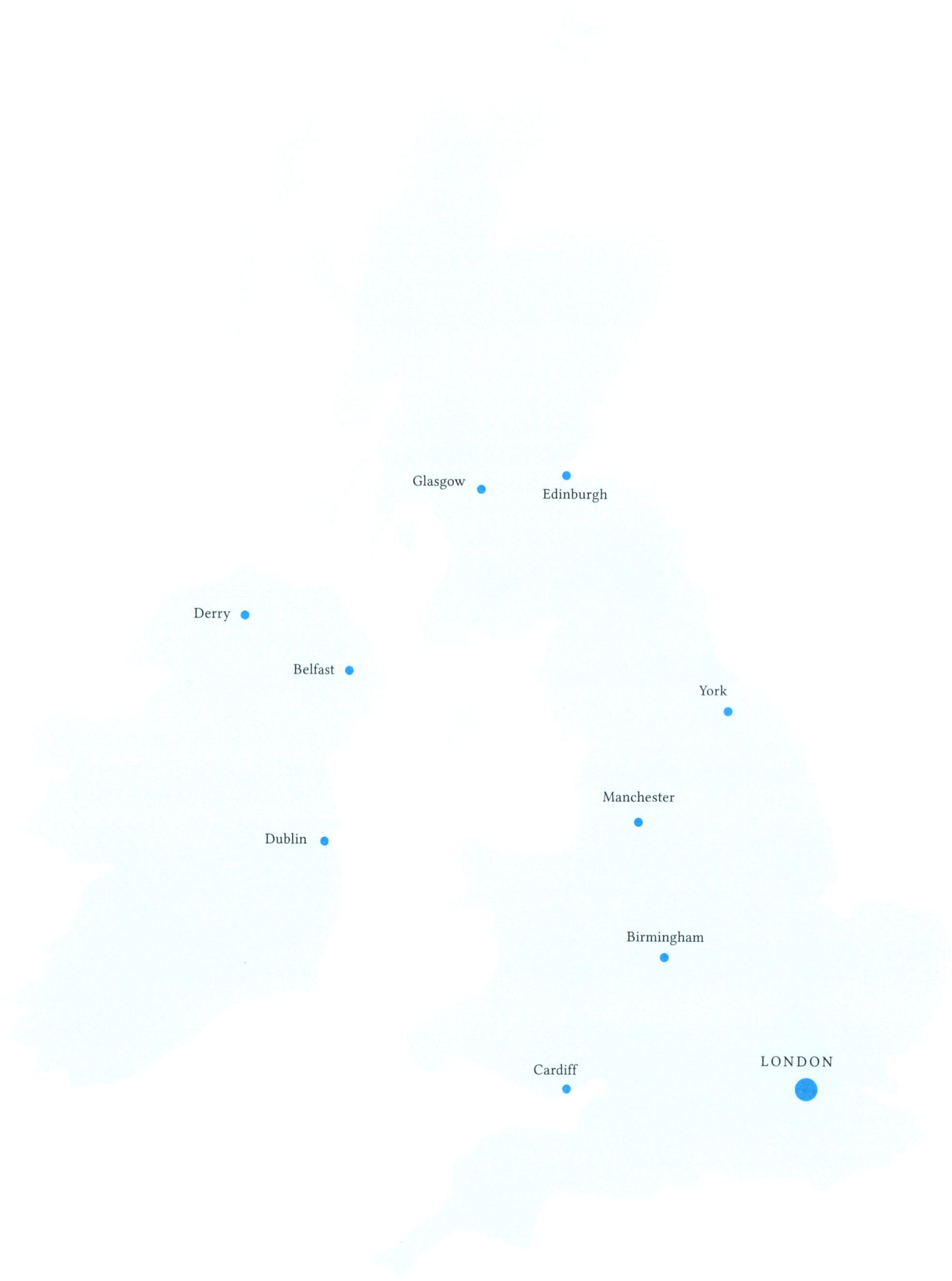

Step 3: Reorganisiere die Ideen aus deinem ***mindwalk*** in einer Tabelle, in der du den jeweiligen Orten die Gründe zuordnest, warum du dorthin fahren möchtest, und aufschreibst, was du tun willst. Schlage wie immer die Worte, die dir auf Englisch nicht eingefallen sind, im Wörterbuch nach.

places	reasons	activities
London	I like big cities, the multicultural atmosphere is interesting, ...	visit ..., go shopping, ...
...	...	...

Nun kannst du dich mit der Checkliste für Test 3 beschäftigen:

CHECKLISTE

1. **Zeit**
   Ich habe genug Zeit, um den Test an einem Stück durchzuarbeiten. ○

Sinnvolle Zeiteinteilung:

für *Listening Comprehension*	30 Minuten	○
für *Reading Comprehension*	25 Minuten	○
für *Mediation*	20 Minuten	○
für *Words and structures*	20 Minuten	○
für *Text Production*	30 Minuten	○
Puffer für Überarbeitung	**10 Minuten**	○

2. **Ort**
   Ich kann hier voraussichtlich ungestört arbeiten. ○

3. **Arbeitsplatz**
   Ich habe: ○
   - eine Uhr (möglichst mit Weckfunktion) ○
   - Schreibmaterialien ○
   - die Audio-CD zum Arbeitsbuch ○
   - einen CD-Spieler ○
   - ein zweisprachiges Wörterbuch ○
   - und **sonst nichts**!

Angeleiteter Test 3 – Living in another country

A Listening Comprehension

Part One

Between two cultures **CD: Track 10**

In Part One you are going to hear an interview with a woman called Rina, who talks about living between two cultures.

There are seven tasks.
Listen to the text twice. Tick ✔ the right answers.
Read the tasks before listening to the conversation. You have 20 seconds to read the tasks.
You can start working while listening.

1. Rina is ...
   a) ◯ Lebanese.
   b) ◯ Japanese.
   c) ◯ Chinese.

2. She grew up in ...
   a) ◯ a city in Canada.
   b) ◯ a small town in Pennsylvania.
   c) ◯ a small town in Canada.

3. She found growing up in two cultures very ...
   a) ◯ strict.
   b) ◯ easy.
   c) ◯ hard.

4. She had her first school dance ...
   a) ◯ at 18.
   b) ◯ in grade 12.
   c) ◯ in grade 11.

5. Her father didn't want her to have a job because ...
   a) ◯ he was afraid of her male colleagues.
   b) ◯ he wanted her to look after her sisters.
   c) ◯ he wanted her to do the cooking for him.

6. She now thinks differently about her culture because ...
   a) ◯ she has a boyfriend.
   b) ◯ she thinks it's nice to be different.
   c) ◯ her father accepts her.

7 Rina ...

	right	wrong
a) has never been to her home country.	○	○
b) speaks Lebanese.	○	○
c) has a tattoo.	○	○
d) smokes cigarettes.	○	○

Part Two

At the airport

CD: Track 11

In Part Two you will hear announcements, first on an aircraft and later in the airport building at JFK airport in New York. You are travelling from Frankfurt to Chicago and are changing flights in New York.

There are ten tasks. Listen to the text twice. Read the tasks before listening to the announcements. You have 30 seconds to read the tasks for the announcements. Find out what you have to do and tick ✔ the right answers and fill in the gaps. You can start working while listening.

Announcement 1:

Now listen to the first part of the interview and find the correct answers:

1 I must keep my seat belt fastened until ...
- a) ○ the aircraft has landed.
- b) ○ the aircraft has reached its parking position.
- c) ○ the seatbelt signs have been turned off.

2 After leaving the plane I must ...
- a) ○ pick up my luggage.
- b) ○ proceed to immigration.
- c) ○ open the overhead lockers.

Announcement 2:

3 I must use lanes ____________________ because I am a ____________________ citizen.

4 I must present ...
- a) ○ my boarding pass.
- b) ○ my passport and my immigration card.
- c) ○ my boarding pass and my passport.

Announcement 3:

5 After collecting my luggage I must ____________________ .

6 I can collect my luggage from belt ...
a) ○ no. 36.
b) ○ no. 26.
c) ○ no. 34.

Announcement 4:

7 My connecting flight leaves from ...
a) ○ gate B 24.
b) ○ gate B 27.
c) ○ gate B 29.

Announcement 5:

Tick the correct answers:

	right	wrong
8. I must not leave my luggage unattended.	○	○
9. I should look out for suspicious objects.	○	○
10. If I see an unattended piece of luggage, I must take it to a security officer.	○	○

Lösungshilfen

Denke an die Tipps aus den vorangegangenen Tests.
Gehe die *three steps* sorgfältig durch (vgl. S. 13). Wenn du die Ausgangssituation genau kennst, wirst du weniger Schwierigkeiten haben: Wichtig ist, dass du dir klarmachst, in welcher Rolle du bist, woher du kommst und wohin du willst. Mache dir dazu hier einige Notizen:

____

____

Markiere die Antworten beim ersten Hören zunächst mit Bleistift. Wenn du an einer Stelle nicht ganz sicher bist, dann lass die Antwort offen und konzentriere dich auf die nächste Ansage. Beim zweiten Hören aller Ansagen weißt du dann genau, an welcher Stelle du besonders hinhören musst.

Part Three

A debate on immigration

CD: Track 12

In Part Three you will hear parts of a debate on immigration laws in the United States.
There are six tasks. Choose the right number for each speaker. One argument doesn't fit any of the speakers.
Listen to the texts twice. Read the tasks before listening to the texts. You have 10 seconds to do this.

1. I think that the USA should take care of all immigrants and should help them financially.

   Speaker no. ______________________________

2. When I came to the United States, I had to live like a dog. And since 9/11 it has become worse. I can't find a job in my profession and have to survive by doing work no American citizen is prepared to do.

   Speaker no. ______________________________

3. In my opinion there are far too many illegal immigrants in this country. They are threatening our way of life.

   Speaker no. ______________________________

4. I can't see the problem. Our country has successfully integrated millions of people. This is what has made it such a great country to live in.

   Speaker no. ______________________________

5. I have lived in different neighborhoods where immigrants have been a huge problem. Something must be done to stop this.

   Speaker no. ______________________________

6. I am an immigrant and have been successful. If everybody behaved like me, we would all be able to live together peacefully.

   Speaker no. ______________________________

B Reading Comprehension

1. **Film Reviews**
   Read the comments made by film critics about new films. Then read the five descriptions of the films and decide which comment is about which film. Write the correct letters in the boxes.

A	People who know the original story will be disappointed by the film.
B	Even the original actors will tell you that this film is not worth seeing.
C	Nothing new in this film, except for the leading actress.
D	Loud, fast, violent. Famous actors, but no real storyline.
E	The successful pair have made another "must-see" film.

1:	***Charlie and the Chocolate Factory*** Roald Dahl's classic kid's story, *Charlie and the Chocolate Factory,* has been made into a new film. The director is Tim Burton, who is well known for his strange movies like *Big Fish* and *Mars Attacks.* Johnny Depp plays Willy Wonka, the strange owner of the fantastic chocolate factory. Freddie Highmore plays Charlie. This is the fifth time Tim and Johnny have worked together since *Edward Scissorhands* in 1990, and they are a perfect match.	
2:	***Dumb and Dumberer. When Harry met Lloyd*** *Dumb and Dumberer* is the prequel to the 1994 comedy *Dumb and Dumber.* It tells the story of idiots Harry (Derek Richardson) and Lloyd (Eric Christian Olsen) when they were teenage losers. Both of the stars from the original film, Jim Carrey and Jeff Daniels, decided not to be in the new film. It was just too dumb for them. The film-makers know that critics won't like this film, but they didn't have to try so hard to make it so bad.	
3:	***Bad Boys II*** The two chaotic Miami policemen Mike (Will Smith) and Marcus (Martin Lawrence) are back again. While trying to find a Cuban drug lord, they argue with each other and destroy large parts of Florida and Cuba. The fast action in this film is much more important than the plot. This is a movie with too much "too much": too much bad language, too many car chases, explosions and gun fights. That's what bad boys want.	
4:	***Uptown Girls*** Hot new star Brittany Murphy is the best thing about this movie. She plays Molly, the orphaned daughter of a millionaire rock star. When her manager steals all of her money, this freedom-loving teenager has to get a job! She becomes a babysitter for Ray, the most arrogant eight-year-old girl in New York City. But this is a Hollywood movie, so you know what to expect – Molly and Ray learn some life lessons and become good friends.	
5:	***The League of Extraordinary Gentlemen*** This adventure movie is based on a famous comic book. It brings together some of the greatest heroes of 19th century literature. Captain Nemo, Tom Sawyer, and Dr Jekyll and Mr Hyde are all in this film. They have 96 hours to stop a crazy man from destroying the city of Venice. Sean Connery, who was the first actor to play James Bond, is one of the stars, so the film often has a real Bond feeling. It's a great idea for a movie, but the comic book is better than the film.	

Lösungshilfen

Diesmal sollst du den Filmkritiken keine Personen, sondern einen Kommentar zuordnen. Lies die Kommentare genau durch.

Hier einige Hinweise zur Bearbeitung:

1. Überlege, ob die Kritik eher positiv oder negativ ist. Dann wird dir die Wahl sicherlich leichtfallen.
2. Um diese Aufgabe zu lösen, solltest du die Wörter „dumb" und „prequel" nachschlagen. Der letzte Satz gibt einen eindeutigen Hinweis auf die Meinung der Autoren zum Film.
3. Achte auf folgende Schlüsselbegriffe: „fast", „destroy", „bad language", „car chases", „explosions", „gun fights", um die passende Filmkritik zu finden.
4. Achte auf die Informationen, die du über die Darsteller erhältst.
5. Hier wird das Buch zum Film mehr gelobt als der Film selbst. Was sagt das über die Filmkritik?

1 Read the text and tick ✔ the right statement.

Bo Niles, *Home of the Brave*

After nearly 30 years I take my neighborhood almost for granted[1], but on the rare occasion when I sit down and think about it, I find the place pretty amazing. On any given day within a few blocks of where I live, I can encounter[2] people who represent more than two dozen nationalities or ethnic groups, men and women who have moved to this country and to this city from enormous distances and vastly different cultures. I do my weekly shopping at the Lebanese grocery, the Korean greengrocer, the Greek florist, the Chinese laundry, the French baker, the Indian tailor, the Israeli dry cleaner, the Japanese fish store, the Puerto Rican bodega. Our neighborhood is placed between a Russian Orthodox church and a newly erected mosque. At noon, when the neighborhood schools let out for lunch, students prattle away in French and Italian, which is not surprising when you realize that the French Lycee and Scuola[3] Italiana are only one block away from the kids' favorite Sicilian pizza hangout[4]. All of these people have come – as my ancestors once did – to create a better life for themselves and their families in a new world.

Because I have lived in this utterly familiar place for more than half my life, I have almost forgotten what it must be like to leave everything behind to make a fresh start in an all-too-unfamiliar, unknown place. I say almost, because my family did exactly that back in 1958, when I had just turned 14. We left everything behind and moved to Italy. But we went only for a sojourn, not for a lifetime. What we did was an adventure, and, one might add, an indulgence[5] because we went for the music. My pianist-composer father had inherited some money, so my parents knew we would be comfortably set for a year or so. What we might have anticipated, but couldn't fully imagine ahead of time, was what it would be like to live as foreigners in another land. Finding a place to live, finding a school for us children, finding my parents a tutor in the language – in other words finding a new life – all were strange. Strange and scary and, ultimately, wonderful.

Overcoming that feeling of strangeness, or integrating that strangeness into one's experience, or adapting strangeness to a totally new way of feeling and being, is, to me, a truly brave act. I am in awe[6] of the courage it takes to leave everything behind and, unlike our family, take absolutely nothing and create new life from only hopes, dreams, memories, and the clothes on your back.

Quelle: Bo Niles, "Home of the Brave", Reprinted from *Country Living*, July 1998.

Annotations:

1 **take for granted** – dt.: als selbstverständlich ansehen
2 **encounter** – meet
3 **lycee, scuola** – French and Italian words for school
4 **hangout** – meeting place
5 **indulgence** – something that you allow yourself even though it is not absolutely necessary
6 **awe** – dt.: Ehrfurcht

Lösungshilfen

Mit diesem Text kannst du die Arbeitstechnik „Wörter erschließen“ üben, da hier einige Wörter, die du möglicherweise nicht kennst, nicht in den Anmerkungen erklärt werden (vgl. auch Teil A in diesem Buch).

In Zeile 13 beginnt eine Aufzählung, in der du sicher die Nationalitäten verstehst (auch durch ihre Ähnlichkeit mit den deutschen Wörtern), vielleicht aber nicht immer das jeweils folgende Wort. Doch weißt du vom Beginn des Satzes ("I do my weekly shopping"), dass es um Einkäufe geht. Worum handelt es sich also bei diesen Wörtern? (Du kannst deine Worterschließung im Lösungsheft kontrollieren.)
In Zeile 21 findest du das Wort „mosque“. Aus dem Zusammenhang ist klar, es muss sich um ein Gebäude zur Religionsausübung handeln. Zudem ist es einem deutschen Wort sehr ähnlich.
In Zeile 23 kennst du wahrscheinlich die Wendung „prattle away“ nicht. Doch auch hier hilft der Zusammenhang weiter. Es geht um Schüler der italienischen und französischen Schule in der Mittagspause. Das Wort selbst ist mit den Sprachen („in French and Italian“) verbunden. Dadurch ist eigentlich die Bedeutung klar.
Zeile 43 enthält das Wort „sojourn“. Versuche aus den folgenden Zeilen zu erschließen, was das Wort bedeutet.
In Zeile 48 erscheint „inherited“. Falls du dieses Wort nicht kennen solltest, kannst du es ebenfalls aus dem Folgenden erschließen.
In Zeile 51 „anticipated“ ist dem entsprechenden deutschen Fremdwort sehr ähnlich: antizipieren = sich im Voraus etwas bewusst machen.
Gleiches gilt für „adapting“ in Zeile 63 (adaptieren = sich etwas aneignen).
Nach dieser Vorarbeit kannst du die Aufgaben bearbeiten. Diesmal musst du dich zwischen vier verschiedenen Begriffen entscheiden.

A Niles lives in a ...
- a) ◯ multi-cultural environment.
- b) ◯ boring neighborhood.
- c) ◯ Russian neighborhood.
- d) ◯ dangerous neighbourhood.

B The neighborhood children love ...
- a) ◯ Sicilian spaghetti.
- b) ◯ Sicilian pizza.
- c) ◯ Neapolitan pesto.
- d) ◯ Italian ice-cream.

C Niles knows his ...
- a) ◯ family very well.
- b) ◯ neighborhood very well.
- c) ◯ children very well.
- d) ◯ ancestors very well.

D When he was a boy, his family ...
- a) ◯ emigrated to Italy.
- b) ◯ went for a holiday in Italy.
- c) ◯ left Italy.
- d) ◯ spent a year in the USA.

E In Italy, his father worked ...
- a) ◯ as a pianist-composer.
- b) ◯ as a gardener.
- c) ◯ as a tourist guide.
- d) ◯ as a tutor.

F Going to Italy was ...
- a) ◯ scary for Niles.
- b) ◯ a positive experience for Niles.
- c) ◯ something he wouldn't recommend.
- d) ◯ strange for Niles.

G He admires people ...

a) ◯ who emigrate to another country to start a new life there.
b) ◯ who stay at home.
c) ◯ who have a big family.
d) ◯ who love clothes.

2 Read the text and write down your answers.

Independence National Historic Park, Philadelphia

This L-shaped 45-acre park, along with the Old City, has been dubbed 'America's most historic square mile'. The visitors' center is a good place to start – it has maps and information.

Library Hall contains a copy of the *Declaration of Independence* handwritten in a letter by Thomas Jefferson, first editions of Darwin's "On the Origin of Species" and Lewis and Clark's field notes. The 'birthplace of American government', *Independence Hall,* is where delegates from the 13 colonies met to approve the *Declaration of Independence* on July 4, 1776. An excellent example of Georgian architecture, its understated lines reveal Philadelphia's Quaker heritage. Visitors must join one of the frequent free tours. Behind Independence Hall is *Independence Square,* where the *Declaration of Independence* was first read in public. When Philadelphia was the nation's capital, the US Congress met in *Congress Hall* in the beautifully restored west wing.

The glass *Liberty Bell Pavilion* houses Philadelphia's top tourist attraction. Made in London and tolled at the first public reading of the *Declaration of Independence,* the bell became famous when abolitionists adopted it as a symbol of liberty. Its biblical inscription: 'Proclaim liberty through all the land, to all the inhabitants thereof.' Cracking eventually made the bell unusable in 1846, and it was moved to its present site in 1976.

Places to stay

Avoid graduation week (late May), when the city is crowded. Downtown hotels are expensive, but some offer discounted weekend packages; also inquire about parking. Some hotels advertise 'cheap accommodations and friendly service' at the Greyhound Station and around town – these cannot be recommended. The closest campground is *Timberlane Campground* 15 miles southwest of the Delaware River. The excellent Bank St Hostel is in a safe neighborhood, a short walk from 2nd St Station and major sights.

Quelle: *Lonely Planet USA,* 1999 (adapted)

a) Name the most important historic sights of Philadelphia.
b) Why is the 'Historic Park' so famous?
c) What's the most important historic document mentioned?
d) Why isn't Liberty Bell used anymore?
e) What can you say about cheap places to stay in Philadelphia?
f) Which place would you recommend for backpackers and why?

Lösungshilfen

Dieser Text stammt aus einem Reiseführer. Er soll Touristen mit wenig Geld helfen, sich in Philadelphia zurechtzufinden. Wie du sicherlich schnell herausgefunden hast, geht es bei den meisten Sehenswürdigkeiten um den Begriff „independence". Um ihn erklären zu können, musst du überlegen, was er heißt und warum er für die USA so wichtig ist.

Hinweise zur Beantwortung:
a) Die Sehenswürdigkeiten sind alle schräg gedruckt. Du musst sie nur aufzählen.
b) Hier hilft dir der Einleitungssatz weiter.
c) Da es bei allen Sehenswürdigkeiten um den Begriff „independence" geht, solltest du herausfinden, welches Dokument gemeint ist.
d) Hier musst du herausfinden, was „cracking" bedeutet.
e) Lies dir die Informationen über „Places to stay" genau durch und überlege, ob es einfach ist, eine preiswerte Unterkunft in Philadelphia zu finden.
f) Denke daran, dass Rucksacktouristen meist nicht genug Geld haben, um im Hotel zu übernachten.

C Use of Language

1. Mediation

Your cousin runs a surfing school in Newquay, England.
You want to visit him with a friend and take lessons.
This is what you can find on the Internet:

Travel Specials and packages in Newquay, Cornwall, England
Newquay School of Surfing, 1 Beachfront Road,
Newquay, England.
E-Mail: surfnewquay@yahoo.com
Website: www.surfnewquay.co.uk
Tel: 0044(0)342175443

Surfing Package
1-week surfing package includes four hours of lessons per day, board rental, wet suit, 7 nights accommodation in local hotel, full English breakfast, transport to and from beach by bus, evening entertainment.
Prices start at 300 euros per person.

Description of package

There is no better place than Newquay to take up surfing or improve your surfing technique. The Newquay School of Surfing is well established and offers you the unique opportunity to experience local surfing culture in a relaxed atmosphere. You can have group (minimum 3 students) or individual lessons.
Minimum age: 16, medical insurance is required. Early reservations get a 10 % discount.
Payment must be made in advance. A deposit (10 % of price) with reservation and the remaining 90 % two weeks before start of holiday.

Your friend doesn't speak English very well and asks you for help. He has got lots of questions. Make notes in German for him about the following points. You do not have to answer in complete sentences.

Er fragt, ...

a) ob etwas über die Anreise ausgesagt wird.

____

____

b) wie Unterkunft und Verpflegung geregelt sind.

____

____

____

c) ob er eine Surf-Ausstattung mitbringen muss.

____

____

d) wie er täglich zum Surfkurs und zurück zur Unterkunft kommt.

____

____

____

e) welche Zahlungsbedingungen erforderlich sind. (Nenne drei.) (1,5 Punkte)

____

____

Quelle: Abschlussprüfung Hessen, 2006 (adapted)

Dein Freund ist sich noch nicht so ganz sicher. Er kommentiert deine Informationen wie folgt:

1. Da steht ja nichts darüber, ob es nur für Fortgeschrittene ist oder ob man da auch als Anfänger hinkommen kann.
2. Ich werde doch erst in dem Urlaub dort 16. Darf ich dann überhaupt schon dorthin?
3. Steht da auch etwas, wie lang so eine Unterrichtsstunde dauert?
4. Was ist denn mit frühzeitiger Buchung gemeint?

Dein Freund bittet dich, bei deinem Cousin anzurufen und die Fragen noch zu klären. Du bereitest dich auf das Gespräch vor, indem du dir eine Liste auf Englisch machst. Dort notierst du dir die vier Dinge, die du fragen sollst.

1. ____________________
2. ____________________
3. ____________________
4. ____________________

Lösungshilfen

Auch hier sollst du wieder dolmetschen. Du musst für den ersten Teil der Aufgabe den Text genau durchlesen und dort die nötigen Informationen herausfinden. Markiere sie dort, dann hast du es leichter bei den Antworten. Diesen Teil der Antworten bearbeitest du auf Deutsch.
Den zweiten Teil der Antworten musst du dann auf Englisch bearbeiten. Du sollst die Fragen deines Freundes auf Englisch formulieren, sodass du sie bei einem Telefongespräch nutzen kannst.

2. Words and structures

Tick ✔ the correct form in the box below.

Watching television

How much television is good for you? There (1) ____________ many studies over the last several years (2) ____________ the advantages and disadvantages (3) ____________ watching television. Generally, it depends (4) ____________ on the parents. They have the biggest influence on the television habits of (5) ____________ children. If parents looked (6) ____________ them more carefully, many problems (7) ____________ . For example, if they (8) ____________ watch programme after programme without (9) ____________ a proper choice, then children (10) ____________ exactly the same. Parents should educate children (11) ____________ television sensibly. Children shouldn't just watch TV for the

sake (12) _______________ watching but rather use it to relax and recover from school. Nowadays with so (13) _______________ programmes covering almost every subject, it is necessary to choose (14) _______________ what to watch and not just to sit in front of the box and surf.
At school, too, children should (15) _______________ how to watch TV responsibly.

1.	are has been have been were	○ ○ ○ ○	2.	on over in after	○ ○ ○ ○	3.	of in on about	○ ○ ○ ○
4.	a lot lots more most	○ ○ ○ ○	5.	their that there those	○ ○ ○ ○	6.	for after on at	○ ○ ○ ○
7.	did not exist wouldn't exist do not exist hadn't existed	○ ○ ○ ○	8.	herself yourselves itself themselves	○ ○ ○ ○	9.	making make made to make	○ ○ ○ ○
10.	have to do won't will do must do	○ ○ ○ ○	11.	using use uses to use	○ ○ ○ ○	12.	of for at in	○ ○ ○ ○
13.	many lot much more	○ ○ ○ ○	14.	careful more careful the most careful carefully	○ ○ ○ ○	15.	has taught teach be taught have taught	○ ○ ○ ○

Quelle: Abschlussprüfung Hessen, 2008 (adapted)

Lösungshilfen

Hier sollst du entscheiden, welche Adverbien, Konjunktionen, Relativpronomen, Steigerungsformen und Präpositionen in den Lücken des Textes fehlen und die richtige Lösung ankreuzen.
Versuche, die Wörter möglichst genau zu übersetzen.
Finde die richtigen Lösungen und überprüfe sie anschließend im Lösungsheft. Bei Unklarheiten kannst du die Erklärung in einem Grammatikheft nachschlagen.

D Text Production

Choose one of the following tasks and write about 150 words. Count your words and write the number at the end of the text. Write on a seperate sheet of paper.

1. You are interested in a job as an au pair.
   Write a formal letter to the au pair agency "AuPairCare" asking for more information.
   Write about
   - yourself, your interests and your education
   - why you are interested in the job

   Ask three questions of your choice.

2. Write a diary entry about a holiday abroad.
   Write about
   - where you went and where you stayed
   - who you went with
   - how you got around and what you did
   - what kind of people you met
   - what sort of problems you had
   - where you'd like to go next

3. Write an article about a school exchange for school newspaper.
   Write about
   - where you went and where you stayed
   - what you visited
   - who went with you

Lösungshilfen

Diesmal musst du zwischen drei verschiedenen Aufgaben und Textsorten unterscheiden.
Für den Brief und für einen Zeitungsartikel gibt es formelle Vorgaben, die du beachten musst. Nähere Informationen dazu findest du in Teil 1 dieses Buches.
Achte beim Brief besonders auf die Anrede, den Einleitungssatz und auf den Schlusssatz.
Ein Zeitungsartikel sollte eine interessante Überschrift und einen erkennbaren Einleitungssatz haben. Außerdem sollte er klar strukturiert sein.
Für einen Tagebuchartikel musst du keine formalen Vorgaben beachten. Deine Beschreibungen sollten dennoch aussagekräftig und ausreichend beschreibend sein.

Test 3 – Auswertung

Zeitplanung

Lege dir zunächst wieder Rechenschaft darüber ab, wie du mit der Zeit – insbesondere bei der Schreibaufgabe – zurechtgekommen bist. Fülle dazu wie gewohnt die Tabelle aus:

Prüfungsteil	**Zeitvorgabe (Minuten)**	**benötigte Zeit**
A: Listening Comprehension	30	
B: Reading Comprehension	25	
C: Use of Language 1. Mediation 2. Words and structures	40	
D: Text Production	30	
Puffer zur Überarbeitung	10	
Test insgesamt	**135**	

Lösungen auswerten

Jetzt solltest du deine Feststellungen wieder notieren:

Das ist mir gut gelungen: ____________________

____

____

____

____

Das war schwierig für mich: ____________________

____

____

____

____

Bevor du nun an die Planung für Test 4 gehst, den du jetzt wirklich innerhalb der vorgesehenen 135 Minuten schaffen solltest, ist es sicherlich sinnvoll, wenn du einen Blick darauf wirfst, wie bei der Abschlussprüfung die Testaufgaben bewertet werden. Dann ist es auch leichter für dich, zu entscheiden, welche Testaufgaben du besonders sorgfältig bearbeiten solltest, wenn du nicht sicher bist, ob du wirklich alle in der vorgesehenen Zeit schaffen kannst. Die Bewertung für diesen Beispieltext ist nur ein Muster, aus dem du sehen kannst, wie eine Prüfung bewertet wird. Die Prüfung, die dir vorgelegt wird, kann aber etwas anders aussehen, die Bewertung ergibt dann auch andere Punkte.

Bewertung

Denk daran: Dies ist ein Beispieltest. In anderen Prüfungen kann die Punktevergabe anders aussehen. Vergleiche bitte zunächst deine Lösungen zum Hörverstehensteil *(Listening Comprehension)* mit den Angaben im Lösungsheft und gib dir die entsprechenden Punkte gemäß der folgenden Listen.

A *Listening Comprehension*

- Für jede inhaltlich richtige Antwort gibt es die vorgegebene Punktzahl.
- Sprachliche Verstöße führen nicht zum Punktabzug. Solange der Sinn der Antwort unmissverständlich ist, gilt diese selbst bei mehreren sprachlichen Verstößen als richtig. Nur wenn die Verständlichkeit nicht mehr gegeben ist, darfst du dir keine Punkte geben.

Part 1: *Between two cultures*

Aufgabe	**richtige Lösung**	**mögliche Punkte**
1	a	1
2	c	1
3	c	1
4	c	1
5	a	1
6	b	1
7a)	wrong	1
7b)	right	1
7c)	right	1
7d)	right	1
Gesamtpunktzahl		**10**

Part 2: *At the airport*

Aufgabe	**richtige Lösung**	**mögliche Punkte**
1	c	0,5
2	b	0,5
3	5 – 7 (EU) or 8 – 10 (non-EU)	0,5
4	b	0,5
5	proceed through customs	0,5
6	a	0,5
7	b	0,5
8	right	0,5

9	right	0,5
10	wrong	0,5
Gesamtpunktzahl		**5**

Part 3: *A debate on immigration*

Aufgabe	**richtige Lösung**	**mögliche Punkte**
1	3	1
3	2	1
4	1	1
5	4	1
6	5	1
zu Aufgabe 2 passt kein Sprecher		
Gesamtpunktzahl		**5**

Gesampunktzahl *Listening Comprehension*	**20**

B *Reading Comprehenion*

1. *Film Reviews*

Aufgabe	**richtige Lösung**	**mögliche Punkte**
1	E	2
2	B	2
3	D	2
4	C	2
5	A	2
Gesamtpunktzahl		**10**

2. *Home of the Brave*

Aufgabe	**richtige Lösung**	**mögliche Punkte**
A	a) Niles lives in a multi-cultural environment.	1
B	b) The neighborhood children love Sicilian pizza.	1
C	b) Niles knows his neighborhood very well.	1
D	a) When he was a boy, his family emigrated to Italy.	1
E	a) In Italy, his father worked as a pianist-composer.	1

F	b) Going to Italy was a positive experience for Niles.	1
G	a) He admires people who emigrate to another country to start a new life there.	1
Gesamtpunktzahl		**7**

3. *Independence National Park*

Aufgabe	**richtige Lösung**	**mögliche Punkte**
a)	Declaration of Independence, Independence Hall, Independence Square, Congress Hall, Liberty Bell Pavillion	5
b)	It is the birthplace of American government.	1
c)	The Declaration of Independence	1
d)	because it's cracked	1
e)	There are cheap hotels and campgrounds. The cheap hotels cannot be recommended.	2
f)	Bank St Hostel. It's safe and close to the train station and major sights.	3
Gesamtpunktzahl		**13**

Gesampunktzahl *Reading Comprehension*	**30**

C *Use of Language*
1. *Mediation*

Aufgabe	**richtige Lösung**	**mögliche Punkte**
a)	nein	1
b)	Übernachtung mit Frühstück im Hotel	2
c)	nein	0,5
d)	mit dem Bus	1
e)	Vorauszahlung, 10 % mit Reservierung, 90 % zwei Wochen vor dem Urlaub	1,5
1. 2. 3. 4.	Are there courses for all levels? From beginners to advanced learners? My friend is only 15 but he will turn 16 during the holidays. Is that a problem? How long does a lesson last? What does "early reservation" mean?	1 1 1 1
Gesamtpunktzahl *Mediation*		**10**

2. *Words and structures*

Aufgabe	richtige Lösung	mögliche Punkte
1	have been	1
2	on	1
3	of	1
4	a lot	1
5	their	1
6	after	1
7	wouldn't exist	1
8	themselves	1
9	making	1
10	will do	1
11	to use	1
12	of	1
13	many	1
14	carefully	1
15	be taught	1
Gesamtpunktzahl *Words and structures*		**15**

D *Text Production*

Bei der Schreibaufgabe musst du versuchen, ehrlich einzuschätzen, inwieweit dein Text die Kriterien erfüllt. Besser ist es auf jeden Fall, wenn eine andere Person diese Einschätzung vornimmt. Zu einem vollständig sicheren Ergebnis wirst du nicht kommen können, aber du kannst zumindest grob einschätzen, wie du im Ernstfall abgeschnitten hättest und wo du Punkte verloren hast.
Bewertet werden zunächst Inhalt und kommunikative Absicht. Hinzu kommen Organisation (d.h. der Aufbau deines Textes) sowie Grammatik und Wortschatz.

Für eine der beiden Aufgaben kannst du insgesamt 25 Punkte erreichen. Vergleiche deine Lösung nun mit den Vorschlägen im Lösungsheft und gib dir Punkte, wenn du glaubst, ungefähr das gesagt zu haben, was du auch dort vorfindest. Wie bereits vorgeschlagen, solltest du deine Lösung am besten einer anderen Person zeigen, die dir auch Punkte geben sollte. Ist dies nicht möglich, musst du versuchen, dich selbst einzuschätzen. Die Übersicht auf der folgenden Seite stammt von der Internetseite des Hessischen Bildungsministeriums.

	Pkt.
Inhalt und Kommunikation	**10**
– Alle geforderten Leitpunkte werden ausführlich behandelt und differenziert ausgeführt. – Alle aufgeführten Ideen stehen im Zusammenhang mit dem in der Aufgabenstellung geforderten Thema. – Das Format der geforderten oder gewählten Textsorte ist angemessen umgesetzt. – Der Adressatenbezug (sofern in der Aufgabenstellung gefordert) ist hergestellt.	10–9
Übergangsbereich	8
– Nur einige Leitpunkte werden ausführlicher behandelt; die anderen werden nur ansatzweise oder gar nicht ausgeführt. – Die aufgeführten Ideen stehen größtenteils/nur teilweise im Zusammenhang mit dem in der Aufgabenstellung geforderten Thema. – Das Format der geforderten oder gewählten Textsorte ist größtenteils umgesetzt. – Der Adressatenbezug (sofern gefordert) ist größtenteils hergestellt.	7–5
Übergangsbereich	4
– Die Leitpunkte werden nur unzureichend aufgegriffen. – Die aufgeführten Ideen stehen in geringem Zusammenhang mit dem in der Aufgabenstellung geforderten Thema. – Das Format der geforderten oder gewählten Textsorte ist kaum berücksichtigt. – Der Adressatenbezug (sofern gefordert) ist kaum vorhanden.	3–1
Es besteht kein inhaltlicher Bezug zu dem in der Aufgabenstellung geforderten Thema.	0
Organisation	**5**
Kohärenz – Der Text ist klar strukturiert. – Eine logische thematische Entwicklung ist gegeben (z. B. Einleitung, Hauptteil, Schluss; „roter Faden"). **Kohäsion** – Satzanfänge werden variiert (z. B. *at first, then, later on, moreover, in addition).* – Unterschiedliche Konnektoren (z. B. *and, or, but, because, while)* werden sinnvoll verwendet, um inhaltliche Beziehungen deutlich zu machen. – Der Text verfügt über angemessene äußerliche Strukturierungsmerkmale (z. B. Absätze).	5–4
Kohärenz – Der Text zeigt einfache Strukturierungsmerkmale. – Eine logische thematische Entwicklung ist erkennbar. **Kohäsion** – Satzanfänge werden selten variiert. – Es wird nur eine begrenzte Anzahl von Konnektoren verwendet, um inhaltliche Beziehungen deutlich zu machen. – Trotz weniger äußerlicher Strukturierungsmerkmale ist eine Struktur des Textes noch zu erkennen.	3–2
Kohärenz – Der Text reiht inhaltliche Punkte in einer einfachen Aufzählung aneinander. – Die thematische Entwicklung ist nur im Ansatz/nicht erkennbar. **Kohäsion** – Eine Variation im Satzbau ist nicht gegeben. – Konnektoren werden kaum/nicht verwendet. – Eine äußerliche Struktur des Textes ist kaum/nicht zu erkennen.	1–0
Grammatik (Strukturen und Satzmuster)	**5**

Verfügbarkeit der sprachlichen Mittel – Häufig genutzte grammatische Strukturen (z.B. Zeiten, Passiv, modale Verben, Vergleiche, adverbiale Strukturen, Adverbien) werden variantenreich verwendet. – Die Satzmuster werden angemessen variiert (z.B. Haupt- und Nebensätze mit Konjunktionen, Relativsätze, Bedingungssätze). **Korrektheit** – Grammatische Strukturen und Satzmuster werden größtenteils richtig verwendet (nur wenige, nicht-verständnisbelastende Fehler).	5–4
Verfügbarkeit der sprachlichen Mittel – Einfache grammatische Strukturen werden verwendet. – Die Satzmuster sind einfach gehalten (Subjekt, Verb, Objekt). **Korrektheit** – Nicht-verständnisbelastende Fehler dürfen vorkommen; verständnisbelastende Fehler treten nur in geringem Umfang auf.	3–2
Verfügbarkeit der sprachlichen Mittel – Der Gebrauch richtiger grammatischer Strukturen ist limitiert oder nicht erkennbar. – Die Satzmuster sind häufig fehlerhaft. **Korrektheit** – Es kommen viele, auch verständnisbelastende, Fehler vor.	1–0
Wortschatz (Wortwahl und Rechtschreibung)	**5**
Verfügbarkeit der sprachlichen Mittel – Der Grundwortschatz zu allgemeinen Themen ist vielfältig und abwechslungsreich. – Es wird versucht, auch ausgefallenere Stilmittel zu verwenden oder komplexere Sachverhalte auszudrücken. **Korrektheit** – Die Wortwahl ist präzise und textadäquat. – Einzelne Fehler sind nicht verständnisbelastend. – Der Versuch, ausgefallenere Stilmittel zu verwenden oder komplexere Sachverhalte auszudrücken, kann zu tolerierbaren Fehlern führen.	5–4
Verfügbarkeit der sprachlichen Mittel – Der Grundwortschatz zu allgemeinen Themenbereichen ist ausreichend. **Korrektheit** – Die Wortwahl ist größtenteils präzise und textadäquat. – Nicht-verständnisbelastende Fehler dürfen vorkommen; verständnisbelastende Fehler kommen nur in geringem Umfang vor. – Der Sprachgebrauch ist teilweise nicht der Zielsprache angemessen.	3–2
Verfügbarkeit der sprachlichen Mittel – Der Wortschatz ist begrenzt. **Korrektheit** – Die Wortwahl ist nicht angemessen und/oder ungenau. – Es treten häufige verständnisbelastende Fehler auf. – Der Sprachgebrauch ist größtenteils nicht der Zielsprache angemessen und führt zu verständnisbelastenden Fehlern.	1–0

Du siehst: Die korrekte Bewertung ist hier gar nicht so einfach. Für deine Zwecke sollte es aber ausreichen, wenn du dir eine zumindest annähernde Orientierung darüber verschaffst, mit welchem Erfolg du bisher gearbeitet hast. Du kannst jetzt die Punkte für die verschiedenen Testteile addieren und überprüfen, welche Bewertungsnote du erreicht hättest.

Übersicht über die Punkteverteilung für Test 3

Aufgabe	Teilaufgabe	mögliche Punkte	erreichte Punkte
Listening Comprehension	1 2 3	10 5 5	
Reading Comprehension	1 2 3	10 7 13	
Use of Language		25	
Text Production		25	
	Gesamtpunkte	**100**	

Aus deinen erreichten Punkten kannst du jetzt mithilfe dieses Bewertungsschlüssels eine Note ableiten:

Bewertungsschlüssel

Punkte	100 – 90	89 – 75	74 – 60	59 – 45	44 – 20	19 – 0
Noten	1	2	3	4	5	6

Und? Wie hast du abgeschnitten? Es gibt ja eigentlich nur eine realistische Möglichkeit (die theoretisch denkbare Möglichkeit, dass dein Ergebnis „mangelhaft“ oder gar „ungenügend“ lautet, können wir wohl ausschließen, wenn du dieses Buch bisher wirklich gründlich bearbeitet hast!): Dein Ergebnis ist mittelmäßig oder sogar gut. Wir als Autoreninnen haben deshalb lange überlegt, ob wir die Bewertung überhaupt aufnehmen sollten. Wir haben uns dafür entschieden, weil wir glauben, dass du ein Recht darauf hast, die Bewertungskriterien zu kennen. So kannst du dich darauf einstellen. Zieh aber nicht die falschen Schlussfolgerungen! Wenn du bei diesem Testbeispiel gut abgeschnitten hast, dann ist das zwar ein gutes Zeichen, bedeutet aber nicht, dass dies jetzt automatisch auch bei der Abschlussprüfung der Fall sein wird. Es geht dort ja nicht unbedingt um dieselben Themen. Arbeite also in deinem eigenen Interesse auch den letzten Beispieltest und die Originalprüfung aus dem letzten Jahr gründlich durch. Wenn du möchtest, kannst du deine Lösungen auch dort wieder in ein Punktesystem übertragen, um einen Eindruck davon zu gewinnen, wie dein Ergebnis im Ernstfall ausgesehen hätte.

Wichtiger ist an dieser Stelle, dass du dir deine Ergebnisse bei den einzelnen Aufgaben noch einmal genau ansiehst und mit der Zeitplanung abgleichst. Wo hast du viel Zeit aufgewendet und trotzdem vergleichsweise wenige Punkte erreicht? Wo hättest du leicht mehr Punkte erreichen können, wenn du dir mehr Zeit dafür genommen hättest?

Die Ergebnisse deiner Überlegungen solltest du jetzt wie gewohnt für die Planung von Test 4 nutzen.

Darauf möchte ich beim nächsten Test genauer achten: ______________________

____

____

____

Vorschläge zur Wortschatzerweiterung

Durchgängiges Thema in Test 3 sind multikulturelle Aspekte. Im Gegensatz zu den ersten beiden Tests handelt es sich hier also um ein eher abstraktes Thema. Das bedeutet: Du kannst dieses Mal keinen ***mindwalk*** in einer konkreten Umgebung wie in einem Gebäude oder auf einer Landkarte machen, sondern musst dich dem Thema auf einer abstrakteren Ebene nähern. Hier findest du einige Vorschläge für mögliche Abwandlungen des Prinzips.

Step 1: Ein möglicher Weg, deinen ***mindwalk*** zu beginnen, wäre wieder, von dir selbst und deinen Erfahrungen auszugehen: *Living in another country – do I know people who do this, maybe in my class at school, some of my friends? What do I know about them? Where do they come from? Why are they here? Are they "different" in any way (clothes, appearance, customs, ...)? What are their problems? ...*
Solltest du, was sehr unwahrscheinlich ist, keinerlei Kontakt zu Menschen mit anderem kulturellen Hintergrund haben, kannst du vielleicht auch versuchen, dir selbst vorzustellen, dass du in einem anderen Land lebst, also etwa: *Living in another country – which one? Why would I go there? Would I have any problems there (language, customs, etc.)?* Oder du begibst dich gedanklich direkt in die USA, falls du aus dem Unterricht bereits genug darüber weißt. Denkbar wären folgende Fragestellungen: *What does it mean to say that the USA is a multicultural country?, "Multicultural" means many cultures. Where do the people come from?, Do they keep to themselves, live in special areas? Can I see that there are people from different cultures (colour of their skins, clothes, shops, restaurants ...)? How do the cultures and races get along with each other? ...*

Step 2: Wieder solltest du eine sinnvolle Form wählen, wie du deine Gedanken notieren und grob ordnen kannst. Wahrscheinlich ist als erster Schritt wieder die Form einer Mindmap angemessen. Egal wie du an das Thema herangegangen bist, du musst notieren, was dir eingefallen ist. Hier ein Beispiel zum Ausprobieren:

Step 3: Nutze dein Wörterbuch für die Begriffe, die du nicht auf Englisch formulieren konntest.

Step 4: Es geht nun um Ordnung und Organisation deiner Ideen. Verbinde also in deiner Mindmap Aspekte, die zusammengehören, oder, wenn du am Computer arbeitest, sortiere sie gleich um, sodass sie eine Gruppe bilden. Den Oberbegriff findest du wahrscheinlich schnell – möglicherweise helfen die in *step 1* erwähnten Fragen, falls du dich an ihnen orientiert hast. So könnten Kategorien entstehen wie: *Which cultures?/Historical aspects/ Immigration/Problems.*

Step 5: Es geht nun noch darum, weiteres nützliches Vokabular zum Thema zu sammeln und zu lernen. Wenn du dir deine Mindmap oder Tabelle noch einmal ansiehst und dabei vor allem auf die Oberbegriffe achtest, fallen dir eventuell auch noch weitere Aspekte ein, mit deren Hilfe du sie ergänzen kannst.
Folge den Hinweisen aus den vorangegangenen Tests und versuche das, was du hier zusammengestellt hast, öfter anzuschauen, eventuell neu zu gliedern oder – die beste Lösung! – möglichst häufig anzuwenden, sei es mündlich und/oder schriftlich in der Schule oder aber in sonstigen Zusammenhängen. Wenn du so vorgehst, wird das neu hinzugewonnene Vokabular auch wirklich dauerhaft auf deiner Festplatte, deinem Gehirn, gespeichert und steht dir im Ernstfall auch sofort zur Verfügung.

Checkliste für Testbeispiel 4
Bevor du dich nun an den vierten Test begibst, schau dir noch einmal an, was du dir für diesen Test vorgenommen hast und welche Schlussfolgerungen du aus der Bewertung für deine Zeitplanung gezogen hast. Berücksichtige deine Überlegungen beim Ausfüllen der Checkliste:

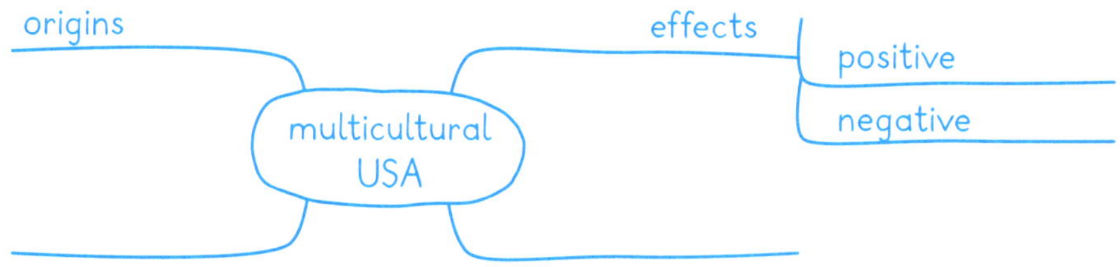

TIPP nach Formulierungen suchen

Du solltest nach Formulierungen suchen, nicht nach einzelnen Wörtern! Möglicherweise hast du bei diesem Themenbereich vorwiegend (oder sogar ausschließlich?) Nomen gesammelt. Mit Nomen allein kannst du aber keine Sätze bilden. Aus Test 1 und 2 weißt du, dass Verben genauso wichtig sind. Ergänze deine Listen also mit den Verben, die dir in den jeweiligen Kategorien einfallen. Überprüfe auch, ob die Nomen, die du gesammelt hast, eventuell häufig mit bestimmten Verben zusammen gebraucht werden, egal ob deutsch oder englisch. Wenn du im Deutschen typische Nomen-Verb-Verbindungen findest, überprüfe mit einem Wörterbuch, wie die Verbindung im Englischen funktioniert. Manchmal werden solche Verbindungen in den Sprachen ähnlich verwendet, z. B. entspricht „to create a better life for somebody" ziemlich gut dem deutschen „dafür sorgen, dass es anderen (z. B. den Kindern) einmal besser geht". Andererseits sagen wir im Deutschen „jemanden diskriminieren", während es im Englischen „to discriminate **against** somebody" heißt.

CHECKLISTE

1. **Zeit**
   Ich habe genug Zeit, um den Test an einem Stück durchzuarbeiten. ○

Sinnvolle Zeiteinteilung:

für *Listening Comprehension*	30 Minuten	○
für *Reading Comprehension*	25 Minuten	○
für *Mediation*	20 Minuten	○
für *Use of Language*	20 Minuten	○
für *Text Production*	30 Minuten	○
Puffer für Überarbeitung	**10 Minuten**	○

2. **Ort**
   Ich kann hier voraussichtlich ungestört arbeiten. ○

3. **Arbeitsplatz**
   Ich habe: ○
   - eine Uhr (möglichst mit Weckfunktion) ○
   - Schreibmaterialien ○
   - die Audio-CD zum Arbeitsbuch ○
   - einen CD-Spieler ○
   - ein zweisprachiges Wörterbuch ○
   - und **sonst nichts**!

Test 4 – The world of work

A Listening Comprehension

Part One

Radio adverts

CD: Track 13

In Part One you will hear five radio announcements advertising different jobs.
There are ten tasks. Fill in the gaps.
Listen to the announcements twice. Read the tasks before listening to the announcements. You have 20 seconds to read the tasks.
You can start working while listening.

Announcement 1:

1. What job is being advertised? ______________________________

2. What is the salary per hour? £ ______________________________

Announcement 2:

3. What job is being advertised? ______________________________

4. What are the working hours? ______________________________

Announcement 3:

5. Where is the job? ______________________________

6. How long is the training course? ______________________________

Announcement 4:

7. What kind of job is being advertised? ______________________________

8. What qualifications do you need to do this job? ______________________________

Announcement 5:

9. Where is the job? ______________________________

10. What special qualification is required? ______________________________

Part Two

What's his job?

CD: Track 14

In Part Two you will hear a radio interview with Gavin, who is talking about his job.
There are ten tasks. Tick ✔ the right answers.
Listen to the interview twice. Read the tasks before listening. You have 30 seconds to read the tasks for the interview.
You can start working while listening.

1. Gavin works ...
   a) ◯ at a country club.
   b) ◯ in a restaurant.
   c) ◯ in a shop.

2. He works as a ...
   a) ◯ caddy.
   b) ◯ waiter.
   c) ◯ shop assistant.

3. What does he think about his job?
   a) ◯ He likes it.
   b) ◯ He thinks it's OK.
   c) ◯ He doesn't like it.

4. How long has he been working there?
   a) ◯ for over a year
   b) ◯ for nearly two years
   c) ◯ for more than two years

5. How often does he have to work?
   a) ◯ He works twice a week.
   b) ◯ He works three times a week.
   c) ◯ He works whenever he has time to do so.

6. He gets paid ...
   a) ◯ more money than other schoolkids.
   b) ◯ about the same as other schoolkids.
   c) ◯ less than other schoolkids.

7. What does he do with the money he earns?
   a) ◯ He saves all of it.
   b) ◯ He saves some and spends most of it.
   c) ◯ He saves most of it and spends some.

8 Do his friends have jobs, too?
a) ◯ only a few of his friends
b) ◯ some of his friends
c) ◯ many of his friends

9 When will Gavin finish school?
a) ◯ He is in his last year.
b) ◯ He has one more year left.
c) ◯ He has two more years left.

10 Gavin's friends have to work ...
a) ◯ on Saturdays.
b) ◯ during the week.
c) ◯ during the week and on Saturdays.

Part Three

Where do they work?

CD: Track 15

In Part Three you will hear five conversations with different people at work.
There are five tasks. Read the tasks before listening to the texts. Look at the different workplaces in the boxes below. Choose the right workplace for each conversation. There is one more workplace than you need.
Listen to the conversations twice.
You have 10 seconds to do this.

travel agency	restaurant	hospital
shop	airport	garage

Conversation 1: ____________________

Conversation 2: ____________________

Conversation 3: ____________________

Conversation 4: ____________________

Conversation 5: ____________________

B Reading Comprehension

1 Book Reviews

These people are all looking for a book to buy. Below there are seven book reviews. Decide which book would be most suitable for each of them. There are two books more than you will need. Write the letters of the suitable books in the empty boxes next to the names.

A	**Fiona** (20) works as a cook in a vegetarian restaurant. In her free time she likes visiting a lot of historical sites around Britain. She would like to go to university to study history.
B	**Jane** (19) works as a bank clerk. She enjoys reading real-life stories, especially about people who have had difficult lives.
C	**Tim** (20) works as a language teacher in London. He is interested in travel and adventure and staying alive in extreme situations.
D	**Emma** (21) works in finance and only has time to read at the weekends. She likes reading short crime stories which she can finish quickly.
E	**John** (22) is a computer expert whose interests include travel and sport. He has to go abroad to work and wants an exciting book to read on his journey.

1.	***Goalkeepers are Different*** This book will keep you turning the pages without stopping. Set in the world of international football, it tells the story of Graeme Young from a poor family in the suburbs of Manchester, who is discovered by a talent scout while he is playing for his local team. But Graeme soon finds that life isn't all that easy as a professional goal keeper.	
2.	***Fusion Cuisine*** A new idea from the kitchens of America. The book describes the idea of combining different cuisines from around the world into one. Meat dishes are a special feature of the book.	
3.	***Guilty until Proven Innocent*** John Greenway has written a moving story of his fight for freedom. As a young man, he was imprisoned for something he didn't do, and he spent twenty years in jail trying to prove his innocence. Now free, he tells his amazing story of the hard life in prison.	
4.	***Who did it?*** This collection of ten short detective stories describes some of the strangest unsolved murders of the twentieth century. Each story explains the truth about the case with detailed reports from witnesses at the time.	
5.	***Lost at Sea*** This is a story about three yachtsmen whose boat was damaged and drifted out into the Pacific Ocean. It tells about their will to survive and how, after months at sea, they finally managed to find land in the middle of the biggest ocean in the world.	
6.	***Discovering Hidden Britain*** A fascinating guide to some of Britain's lesser known treasures. Take a trip into the past and follow the author around Britain as he visits places with great stories to tell. Discover secrets that have remained hidden for centuries.	
7.	***Golf: The Game Before the Game: The Perfect 30-Minute Practice*** An excellent book! *****stars! This book really lowers your handicap. Read it before travelling to your next golf tournament!	

2 Read the text and tick ✔ the correct statement.

Mark Haddon
The Curious Incident of the Dog in the Night-Time (Chapter 83)

I think I would make a very good astronaut.

To be a good astronaut you have to be intelligent and I'm intelligent. You also have to understand how machines work and I'm good at understanding how machines work. You also have to be someone who would like being on their own in a tiny spacecraft thousands and thousands of miles away from the surface of the earth and not panic or get claustrophobia or homesick or insane. And I like really little spaces, so long as there is no one else in them with me. Sometimes when I want to be on my own I get into the airing cupboard in the bathroom and slide in beside the boiler and pull the door closed behind me and sit there and think for hours and it makes me feel very calm.

So I would have to be an astronaut on my own, or have my own part of the spacecraft which no one else could come into.

[...]

And I would have to talk to other people from Mission Control, but we would do that through a radio link-up and a TV monitor so they wouldn't be like real people who are strangers, but it would be like playing a computer game.

Also I wouldn't be homesick at all because I'd be surrounded by lots of the things I like, which are machines and computers and outer space. And I would be able to look out of a little window in the spacecraft and know that there was no one else near me for thousands and thousands of miles, which is what I sometimes pretend at night in the summer when I go and lie on the lawn and look up at the sky and I put my hands round the sides of my face so that I can't see the fence and the chimney and the washing line and I can pretend I'm in space.

And all I could see would be stars. And stars are the places where the molecules that life is made of were constructed billions of years ago. For example, all the iron in your blood which stops you being anaemic[1] was made in a star.

And I would like it if I could take Toby with me into space and that might be allowed because they sometimes do take animals into space for experiments, so if I could think of a good experiment you could do with a rat that didn't hurt the rat, I could make them let me take Toby.

But if they didn't let me I would still go because it would be a Dream Come True.

Quelle: Mark Haddon, *The Curious Incident of the Dog in the Night-Time*, New York, 2003

Annotation:

1 **anaemic** – dt.: blutarm

A The narrator is ...
a) ○ an astronaut.
b) ○ a boy.
c) ○ an adult.
d) ○ a rat.

B He is interested in ...
a) ○ science and technology.
b) ○ going to the moon.
c) ○ lying.
d) ○ nature.

C He does not like to ...
a) ○ be close to other people.
b) ○ be away from other people.
c) ○ be better than other people.
d) ○ be older than other people.

D Sometimes he hides ...
a) ○ in the garden shed.
b) ○ in the bathroom.
c) ○ in the cellar.
d) ○ in the kitchen.

E He enjoys ...
a) ○ lying on the lawn.
b) ○ skiing in the snow.
c) ○ dancing in the rain.
d) ○ playing computers.

F He is ...
a) ○ intelligent.
b) ○ homesick.
c) ○ entertaining.
d) ○ claustrophobic.

G Toby is ...
a) ○ a pet.
b) ○ a rocket.
c) ○ a chair.
d) ○ an astronaut.

3 Read the text and then write down your answers.

The Cornflake Story

Millions of people eat cornflakes every day, but most cornflake-eaters don't know that those flakes began as a part of a protest movement against eating meat, fat and sugar. Dr. John Harvey Kellogg and his cornflakes became famous at the beginning of the 1900s, but the cornflake story really started in the 1800s when health food prophets were becoming active in America and in Europe, too. Dr Kellogg worked at a health sanatorium in Battle Creek, Michigan. The San as it was called, was a rather strange mixture of Grand Hotel, health farm and hospital. The people who came to the San hoped for miracles to happen by doing what Dr Kellogg told them.

Kellogg wanted the people at the San to eat the whole grain of wheat. And he also thought that everyone should eat lots of dry, crispy food every day to have good, strong teeth. He decided to put those two ideas together. Kellogg had heard about other experiments to stretch out grains of wheat and toast them and he thought this could be the answer. He and his wife, his brother and some of their forty adopted children started experimenting. One day in 1884 they had to stop in the middle of their work. When they returned to their cooked wheat mixture two days later, it had dried in the air, but they decided to still run it through the roller machine. They were surprised and happy to see that each grain had become a flake. Then they tried it with corn instead of wheat and the cornflake was born.

Quelle: Karen Carlson-Kreibohm: *American Kaleidoscope*, Berlin, 1984, S. 29 (adapted).

a) What movement started the development of cornflakes?

b) Who was John Harvey Kellogg?

c) What was his idea of healthy eating?

d) What did he do with grains?

e) How did he develop cornflakes?

f) Do you think cornflakes are healthy? Why? Why not?

C Use of Language

1. Mediation

Du bist in der Bank um Geld abzuheben. Dabei triffst du einen amerikanischen Studenten, Sam Fox, der in Deutschland studieren wird und daher ein Konto eröffnen möchte. Der Bankangestellte, Herr Meier, spricht nur wenig Englisch. Du bietest deine Hilfe an.

Sam Fox: Hello, my name is Sam Fox, I am an American student. I would like to open a bank account.

1) **Du (D):** Dies ist ...

____

____

(1 Punkt)

Herr Meier: Guten Morgen. Okay, dann lassen Sie uns mal schauen. Wie lange wird Herr Fox denn in Deutschland leben?

2) **Du (E):**

____

____

(1 Punkt)

Sam Fox: I will live and study here in Germany for one year. I need the account to pay the study fee and the rent for my apartment.

3) **Du (D):**

____

____

(2 Punkte)

Herr Meier: Gut. Dann benötige ich bitte Ihren Pass. Haben Sie in den USA bereits ein Konto bei einer Bank?

4) **Du (E):**

____

____

(1 Punkt)

Sam Fox: Here it is. And I have an account at the ABC National Bank. I also have a confirmation of the bank with me.

5) **Du (D):**

____

____

(1 Punkt)

Herr Meier: Das ist gut. Wir kooperieren mit dieser Bank. Dann ist die Eröffnung eines Kontos bei unserer Bank kein Problem. Bitte füllen Sie noch dieses Formular aus.

6) Du (E):

____

____

(2 Punkte)

Sam Fox: Do I have to fill in my address in the States and in Germany?

7) Du (D):

____

____

(1 Punkt)

Herr Meier: Ja, bitte beide Adressen einsetzen. Und das war schon alles. Sie bekommen in den nächsten Tagen dann Post von uns mit Ihrer Bankkarte.

8) Du (E):

____

____

(1 Punkt)

Sam Fox: Well, thank you very much for your help.

2. Words and structures

1 Read the following text and decide which word or expression is missing in the text. Tick ✔ the right word or expression in the box below.

Pressure and competition

(1) ____________ people play a sport for the thrill of having fun with others who share the same interests, right? But it‘s not always fun and games. Most student athletes (2) ____________ play competitive sports have had thoughts that go like this at one time or another. “Man, I can’t be-lieve I let the ball in the goal, and I know from the look in the coach’s eyes that he wasn’t happy.” When sports become (3) ____________ stressful, get away from the pressure. Go to a movie or hang out with friends. Think about something completely (4) ____________ . Treat (5) ____________ body right. Eat well and get a good night’s sleep, especially before games where the pressure’s on. Learn and practice relaxation techniques, like (6) ____________ described in another section. Do some type of physical activity other (7) ____________ the sport you’re involved in. Take a walk, (8) ____________ your bike, and get completely away from the sport that’s stressing you out.

1. much ◯ many ◯ most ◯ the most ◯	2. who ◯ which ◯ why ◯ where ◯	3. too ◯ two ◯ to ◯ much ◯
4. else ◯ different ◯ differently ◯ other ◯	5. them ◯ you're ◯ you ◯ your ◯	6. these ◯ where ◯ them ◯ those ◯
7. than ◯ then ◯ that ◯ what ◯	8. riding ◯ drive ◯ ride ◯ driving ◯	

Quelle: Abschlussprüfung Hessen, 2006 (adapted)

2 Read the text, then choose the correct words from the box to fill in the gaps.
Be careful – there are more words than you need. Use each correct word only once.

contributed • surprise • asked • qualified • appeals •
were • participating • tested • used

Return of the Jamaican bobsleigh team
29.01.2014

What could be more unusual, and more heartwarming than a team from a tropical developing country ____________________ in the Winter Olympics? That was the story of the Jamaican bobsleigh team, which was the big ____________________ at the Calgary Olympics of 1988. Although the team performed poorly due to inexperience, its status as an underdog earned the goodwill of spectators as well as other countries' athletes. Disney ____________________ the story as the basis for a funny movie called *Cool Runnings* in 1993.

[...] After a 12-year wait, Jamaica finally ____________________ again for the 2014 Olympics in Sochi, Russia. Suddenly, however, it had a different problem: it didn't have the money to go, nor to replace the metal runners on its bobsleigh. In the movie, the team tries to raise money in various ways, but does not succeed until one of the athletes sells his car.

In January 2014, the team again had to be creative, and tried an updated approach. It ____________________ for money on its website. The request for funds got the attention of a community of users of the online-only currency Dogecoin. Within two days, the Dogecoin users ____________________ $30,000. Two further ________________________ through the crowdsourcing websites Crowdtilt and Indiegogo brought in a further $185,000 by 22 January. The team then refused to accept any more money. [...]

Quelle: http://www.spotlight-online.de/news/sport/return-of-the-jamaican-bobsleigh-team (abridged)

D Text Production

Choose one of the following tasks and write about 150 words. Count your words and write the number at the end of the text.

1 Application
Read the following advertisement

Camp America
River Plaza
9 West Broad Street
Stamford
CT 06902-3788
USA

Camp America is an opportunity you shouldn't miss!
It's a chance to do something different with your summer and spend it in the U.S.A. living & working either with children or 'behind the scenes' as support staff at an American Summer Camp. Each year over 7,500 young people take the opportunity ... will you be one of them? If you're a 'first timer' to the program, read on to find out about the fantastic opportunities & experiences you could be part of in summer 2017!

You want to apply for a summer holiday job in an American Summer camp in the US.
Write a letter of application.

Write about
- yourself, your interests and your education
- your knowledge of English
- your experience with children

Ask for
- further information about the job
- working hours and pay
- Don't forget to end the letter properly!

2 My dream job

You have been invited to take part in an online debate about your dreams of the future with your American partner school. Write your opening text.

Write about four of the following aspects:
- your hobbies and interests
- your dream of a future life
- your dream job and its main features
- other aspects of the job
- opportunities for a "gap year" after school

Test 4 – Auswertung

Geschafft! Du hast nun auch das vierte Testbeispiel hinter dir. Verfahre bitte bei der Auswertung genau wie bei den vorangegangenen Tests und prüfe dabei, ob die Punkte, die du besonders beachten wolltest, dir geholfen haben.

Die Schritte zur Auswertung sind:

- **Zeitplanung**
- **Lösungen auswerten** und (wenn du willst)
- **Bewertung**

Notiere bitte wieder deine Erfahrungen und deine Schlussfolgerungen für den Umgang mit der nun folgenden Originalprüfung aus dem Jahr 2016:

Das ist mir gut gelungen:

Das war schwierig für mich:

Darauf möchte ich beim nächsten Test genauer achten:

Vorschläge zur Wortschatzerweiterung

Welche Art von ***mindwalk*** kannst du dir beim Thema Arbeitswelt vorstellen? Du solltest überlegen, was in diesem Bereich für Prüfungszwecke wirklich nützlich sein kann. Es ist sicherlich wenig sinnvoll, die Namen möglichst vieler Berufe zu lernen oder den Spezialwortschatz aus einzelnen Berufsfeldern. Wichtiger ist es, dass du über einen guten Wortschatz in allgemeinen Bereichen des Berufslebens verfügst.

Hilfreich könnte es sein, wenn du dir über deine eigenen Berufsvorstellungen Gedanken machst und überlegst, wie du das in der Fremdsprache ausdrücken kannst, denn es wäre durchaus möglich, dass du eine Schreibaufgabe zu deinen Vorstellungen über deine eigene berufliche Zukunft bekommst. Es wäre also sinnvoll, zu diesem Thema zwei unterschiedliche ***mindwalks*** durchzuführen, die sich aber möglicherweise teilweise überschneiden. Solche Überschneidungen bedeuten keine überflüssige Arbeit. Im Gegenteil, wie du ja bereits weißt: Wenn du Neues an verschiedenen Stellen in deinem Gehirn verankerst, ist es hinterher für dich leichter abrufbar, du hast es also besser gelernt.

Allgemeiner Wortschatz

Step 1: Denkbare Ausgangsfragen zum Berufsleben im Allgemeinen wären z. B. *What do I know about finding a job? What is important if I want to apply for a job? Why do people (want to) work?*

Step 2: Notiere deine Gedanken. Entscheide selbst, welche Form hier die angemessene ist: Mindmap oder Tabelle (oder beides).

Step 3: Ziehe das Wörterbuch zu Rate.

Step 4: Denke bei weiteren Sortierungen daran, neben Nomen auch Verben zu sammeln. Im vorliegenden Themenbereich sind auch Adjektive hilfreich. Gerade bei Adjektiven kannst du oft durch das Hinzufügen einer Vorsilbe wie „un-“ oder „in-“ ein weiteres Adjektiv mit entgegengesetzter Bedeutung bilden. Hier einige Vorschläge (wenn du sie nicht kennst, schlage ihre Bedeutung in Bezug auf den Bereich Arbeitswelt nach):

skilled – *unskilled*
experienced – *inexperienced*
suitable – *unsuitable*
employed – *unemployed*
permanent – *temporary*

Sortiere sie an geeigneter Stelle ein.

Step 5: Wie immer kannst du nun versuchen, das schon Vorhandene zu erweitern. Die Möglichkeiten kennst du aus den bisherigen Tests. Zum Themenfeld Arbeitswelt wäre es sicherlich interessant, vor allem auch (möglichst englische) Stellenanzeigen oder Arbeitsgesuche zu lesen.

Wortschatz zu eigenen Berufsvorstellungen

Step 1: Es sollte kein Problem für dich sein, die hier für dich wichtigen Fragen zu formulieren. *What are my interests? What do I want to do? Where …?*

Step 2: wie oben

Step 3: wie oben

Step 4: Überlege, welche Situationen beim Eintritt ins Berufsleben auf dich zukommen. Sortiere deinen Wortschatz unter Rubriken wie *applying for a job, job interview.* Überprüfe dann deine Listen auf Vollständigkeit (Kannst du alles, was du sagen oder schreiben willst, auf Englisch ausdrücken?) und ergänze sie eventuell mithilfe des Wörterbuchs.

Bevor du nun mit der Bearbeitung der Originalprüfung beginnst, gehe bitte die Checkliste noch einmal durch und stelle sicher, dass du gut vorbereitet bist. Neben den Aufgaben stehen die Punkte, die du erreichen kannst. Nimm dir mehr Zeit für die Aufgaben, für die es viele Punkte gibt.

Abschlussarbeit 2016 – Englisch, Bildungsgang Realschule

A. Listening Comprehension

Part One

Listen to the news items and tick ✔ the right statements.
There is only one possible answer per statement.

News Item 1: Robocops hit the streets **CD: Track 16**
(4 pts.)

a) The robots are there to ...
- ◯ cause trouble.
- ◯ control the traffic.
- ◯ invade the city.

b) One robot is named ...
- ◯ Kisanga.
- ◯ Demouto.
- ◯ Kinshasa.

c) The robots are equipped with ...
- ◯ video cameras.
- ◯ sirens.
- ◯ traffic light eyes.

d) Congolese engineers want to build _________ more robots.
- ◯ 3
- ◯ 30
- ◯ 27,500

News Item 2: Unexpected "downpour" **CD: Track 17**
(4 pts.)

a) In Kuwait City _________ fell from the sky.
- ◯ money
- ◯ frogs
- ◯ spiders

b) In the video you can see cars ...
- ◯ stuck in the rain.
- ◯ coming to a halt.
- ◯ blown away by the wind.

c) The reason for this incident was a ...
- ◯ broken cash machine.
- ◯ film shooting.
- ◯ sandstorm.

d) The people who picked up the cash ...
- ◯ had to give it back to the bank.
- ◯ felt very lucky.
- ◯ got $750,000 each.

Part Two

CD: Track 18 (7 pts.)

Survey: Should tablets replace textbooks?

Listen to these people talking about the use of tablets in schools.
Who thinks what? Write the correct letters in the chart.
Be careful – there is one statement more than you need.

A) Tablets help us to be well-prepared for our working life.

B) With the help of tablets we would always have up-to-date information.

C) A light tablet is much better than heavy schoolbooks.

D) I'm sure some of my classmates wouldn't remember to bring their tablet to school.

E) I'd work harder if we had tablets in school.

F) My teachers wouldn't realize that I do other things in the lessons.

G) Tablets don't teach students anything they need when they start work.

H) For me it would be a financial problem if we used tablets at school.

Ellie	Jack	Mr Sanders	Abigail	Liam	Edward	Jacob

Part Three

CD: Track 19 (10 pts.)

Interview: An unusual skateboarder

Listen to the interview and write down the information about Tommy.
Fill in only <u>one</u> detail per box.

when Tommy became blind	
what he needs at school	
where he is from	
one sport he did as a child	
how kids treated him at elementary school	
an advantage of skateboarding	
how he finds his way around the skatepark	
why Tony Hawk phoned him	
his life now	
his future plans	

B. Reading Comprehension

Ethical shopping

1 We all need to buy stuff from time to time, but do we think about how our shopping affects people, animals and the environment? What do we know about the products that we buy in shops, in supermarkets or online? Many people in Britain want to know more about the products they buy. They want to know how people, animals and our planet are treated when food, drinks and clothes are produced.

2 *The Fairtrade Foundation* is an organisation based in the UK that helps farmers and workers in the poorer parts of the world to earn enough money to live comfortably. The organisation asks companies that grow products such as coffee or bananas to pay fair wages and to provide their workers with good conditions. The companies that follow these requirements then receive the Fairtrade certificate. About five million people benefit from Fairtrade in 58 countries. More than 90 different products including coffee, tea, bananas, chocolate, cocoa and honey have the Fairtrade mark.

3 Free-range farming means that farm animals spend time outside rather than being inside 24 hours a day. Some experts say that this type of farming is preferable because it is less cruel and the animals are healthier. Many people also think that free-range food tastes better than conventionally farmed food. Organic crops are grown using few or no chemical fertilisers and pesticides. Some people feel that organic food is safer or healthier than conventional food. Both free-range and organic food can be more expensive than other types of food. Nevertheless, they are both very popular in the UK.

4 Fashion is big global business. You can check the labels on your clothes to see which countries they are made in. Some clothing manufacturers have been accused of allowing unsafe conditions in their factories. Following the collapse of a clothing factory in Bangladesh, which killed a large number of workers, the British public have started to wake up to the question of where and how their clothes are produced. Since this disaster, a number of clothing brands have made a deal to give money each year to help make conditions safer for workers. People are becoming more and more interested in where their clothes are made and in what conditions. They want their clothes to look good AND be ethical.

5 Old clothes used to be called "second-hand". Nowadays people also say "vintage" or "pre-loved". Recycling by buying used clothes is popular in the UK. Well-known celebrities wear used clothes too. Celebrities like Kate Moss and Katy Perry are big fans of vintage clothes and are often seen wearing second-hand clothes and accessories. Which choices will you make next time you go shopping?

Adapted from: Jo-coordinator: "Ethical shopping", in: *British Council*, 22.10.2014.
http://learnenglishteens.britishcouncil.org/uk-now/read-uk/ethical-shopping
(last accessed on 25.02.2016)

1 Match the five correct headings to each part of the text (1–5). (5 pts.)
Be careful – there are two headings more than you need.

A) CONDITIONS IN THE CLOTHING INDUSTRY
B) USED IS COOL
C) ORGANISATION PROMOTES FOOD PRODUCED FAIRLY
D) FAIRTRADE FOUNDATION CLOTHING BRANDS
E) FAMOUS FASHION LABELS
F) A NEED FOR INFORMATION
G) BETTER QUALITY HAS ITS PRICE

part of the text	1	2	3	4	5
heading					

❷ Apps for learning

Eurotalk is a London-based company that makes language-learning software. Recently, their *Onebillion* project has been in the news, especially since their maths learning app for children in Malawi was shown to improve learning. Dr Nicola Pitchford, a psychologist from the University of Nottingham, found that children using the app tripled their knowledge of maths in just eight weeks.

The name *Onebillion* comes from the "goal of reaching one billion children". This is more or less the number of children who do not have the opportunity to learn basic skills, says Andrew Ashe, who started Eurotalk. Primary education has been free in Malawi since 1994, and the one million increase in student enrolment[1] has put pressure on teachers, classrooms and resources.

Educating children in developing countries has many great benefits. For example, explains Ashe, "there is very strong evidence that if you can get the basic skills right at primary level for girls, they have fewer children, healthier children, and are more likely to be part of the economy". At the moment the average girl in Malawi will have 5.9 children, which will automatically lower their living standards.

Jamie Stuart, Chief Technology Officer of *Onebillion*, explains that "children are put in groups of 30 or even 60 and taken to a special classroom to spend 30 minutes every second day with the device". One tablet device can be used by ten or twelve children each day. Each class is managed by an international volunteer and there is a virtual teacher guiding the student through the app. "All of the children in the class learn at their own pace," says Stuart, "the pupils work at their own speed."

The apps are designed to be as culturally friendly as possible, and they promote a positive image of girls. The project works closely with the education ministry in Malawi to make sure there are no cultural misunderstandings. As Andrew Ashe points out, the success of the project depends on the project "working with existing structures. One of the things we are most happy about is that they see it as their project".

The project is financed by people in wealthier countries who buy their own language version of the app. "Every single penny that we earn from selling those apps goes towards developing our literacy material in Malawi," says Stuart.

The key to the success of the app is how it takes advantage of the enthusiasm of young children to learn. Andrew Ashe maintains that "they are like sponges, they absorb so much information at this age and we think this is why we are getting such a good learning result".

Adapted from: JoEditor: "Apps for learning", in: *British Council*, 04.11.2015, http://learnenglishteens.britishcouncil.org/uk-now/science-uk/apps-learning (last accessed on 25.02.2016)

Annotation

1 **student enrolment** – the number of students who officially join a course

Tick ✔ the right statements. There is only one possible answer per statement. (10 pts.)

a) Eurotalk has its headquarters in ...
- ◯ Nottingham.
- ◯ London.
- ◯ Malawi.
- ◯ several countries.

b) The *Onebillion* project was in the news because of ...
- ◯ its maths app.
- ◯ free education in Malawi.
- ◯ pressure on teachers.
- ◯ healthier children.

c) One billion stands for the number of children who ...
- ◯ will hopefully benefit from the project.
- ◯ have already learned basic skills.
- ◯ go to primary school in Malawi.
- ◯ use the device every day.

d) Eurotalk was founded by
- ◯ Nicola Pitchford.
- ◯ a girl in Malawi.
- ◯ Jamie Stuart.
- ◯ Andrew Ashe.

e) Girls in developing countries who go to primary school are likely to have ...
- ◯ fewer children.
- ◯ more than 5 children.
- ◯ 5.9 children.
- ◯ no children.

f) Students use *Onebillion* ...
- ◯ every day for one hour.
- ◯ every second day for one hour.
- ◯ every day for half an hour.
- ◯ every second day for half an hour.

g) The project has reached so many children because ...
- ◯ primary schools are free.
- ◯ they share the tablets.
- ◯ girls gain a positive image.
- ◯ virtual volunteers help.

h) The app has been successful because ...
- ◯ it works at a very basic level.
- ◯ it has been on the news.
- ◯ learners work as fast as they want.
- ◯ one million students take the course.

i) Cultural problems with the apps are reduced by getting help from ...
- ◯ the Malawi education ministry.
- ◯ wealthy countries.
- ◯ the children themselves.
- ◯ international volunteers.

k) The project is paid for by ...
- ◯ Andrew Ashe.
- ◯ local teachers.
- ◯ children in Malawi.
- ◯ people buying apps.

3 Waiting for Alex

Martyn Pig is a lonely boy whose only friend is Alex, a girl who has recently moved into his street. They have grown close to each other very quickly.
In the following extract, Martyn is waiting for Alex to turn up as arranged.

I wasn't that worried when she didn't show up the following morning. Not at first anyway. Annoyed, maybe. But not worried. Alex was often late. She could never understand why it bothered me. "I'm here now, aren't I?" she'd say. She was right, in a way. If you like someone enough, it doesn't matter how long they keep you waiting – as long as they turn up in the end, it's all right.

I can't help it, though. I hate waiting for someone to turn up. I can't understand why anyone should be late for anything. Unless something disastrous happened there's no reason for it. No reason at all. I'm never late for anything. I always make sure I'm early, and then if something does happen, I've still got time to get wherever I'm going.

If I can do it, why can't everyone else? It was Christmas Eve, I'd told her that. Places shut early. I wanted out of here. Now. Just go, get on a train, a boat, a plane, get on and go. Anywhere. I'd told her that.

It was nine-thirty. Where the hell was she?

I waited. Ten minutes, twenty minutes, half an hour. I rang her. No answer. I waited some more, pacing up and down, looking at the clock every two minutes. I rang again. No answer. I made some tea, I swore, I paced up and down some more. By ten-thirty I couldn't wait any longer. I put on my hat and coat and went over to her house.

A thick layer of snow covered the ground, crunching under my boots as I hurried down the road. The snow had stopped falling but it was still freezing cold. The street was gloomy and deserted. Darkly quiet. Heavy grey snow clouds hung low in the sky, covering everything in a cold dark smog. The flat snow-crunch of my footsteps sounded bleak and lonely in the dull air.

The car was gone from outside her house. No tyre tracks, so it must have left some time ago. I stood at the gate peering up at the empty windows. Curtains open, lights off, no movement. It looked empty. It felt empty. I knew it was empty. I stepped up and rang the bell anyway. The distant ring had no effect. No footsteps, no doors opening, no muffled[1] voices. I stepped to one side and looked in through the porch window. Nothing. Just an empty hallway, blurred[2] through the patterned glass, and the vague shape of the kitchen doorway at the end of the hall, the door half-open, revealing a distorted[3] triangle of black and white floor-tiles. As I stepped back my foot brushed against a milk-bottle. The bottle wobbled and I reached down in time to stop it toppling over. Two milk-bottles, both full. Unwanted.

There was no one home.

Adapted from: Kevin Brooks: *Martyn Pig*, Frome 2002, p. 174–175

Annotations

1 **muffled** – not easy to understand

2 **blurred** – not easy to see

3 **distorted** – *here:* deformed

a) Why is Martyn not worried at first when Alex does not come? (1 pt.)

b) How does he feel about people being late? (1 pt.)

c) What day is it? (one detail) (1 pt.)

d) What is Martyn planning to do with Alex? *(one detail)* (1 pt.)

e) What does Martyn do to pass the time while he is waiting for Alex? (1 pt.)

f) How can he tell that Alex's house is empty? *(two details)* (2 pt.)

g) Why does everything look blurred in the house? (1 pt.)

You cannot find the answer to the following questions directly in the text:

h) How does the weather reflect Martyn's mood? (1 pt.)

i) Martyn knows there is no one at home. Why do you think Martyn rings the bell anyway? (1 pt.)

C. Use of Language

1. Mediation

Student at St. Michael's College (11 pts.)

Deine Schwester Lena hatte sehr schlechte Noten im Fach Englisch und eure Eltern haben sie deshalb für ein Jahr nach England geschickt. Dort wohnt sie bei einer Gastfamilie und besucht die örtliche Schule. Jetzt haben deine Eltern eine E-Mail von der englischen Schule erhalten.

To: Baier347@web.de
From : admin@st.michaels.blackpool.org.uk
Subject: Lena Baier
Sent: Thursday, 12 November 2015, 8:18

Dear Mr and Mrs Baier,

Your daughter Lena has now been at St. Michael's for three months and I regret to inform you that she has had a difficult start. Her behaviour is often unacceptable and her academic peformance is equally disappointing.
She does not hand in her homework regularly and her participation in lessons is mostly inadequate. In addition, Lena does not keep to the school rules. For example, she does not wear the full school uniform, as she seldom wears a tie but instead wears jewellery and make-up. She also uses her mobile phone in school even though this is not allowed, and she leaves the school premises during lunch break, which is, because of insurance issues, not permitted. Her behaviour also means that making friends is difficult for her. None of the other international students behave this way.

We expect our students to respect the school rules and to take pride in their academic achievements. This is essential for their success and well-being at St. Michael's.

Yours sincerely,

Dr. E. Webber
Head Teacher
St. Michael's College

a) Deine Eltern bitten dich, ihnen zu erklären, um was es in der E-Mail geht. Nenne auf Deutsch das Hauptanliegen, warum der Schulleiter die E-Mail geschrieben hat (vollständige Sätze sind nicht notwendig): (1 pt.)

____

____

____

Nenne ihnen vier weitere wichtige Informationen auf Deutsch (vollständige Sätze sind nicht notwendig):

1. ____ (1 pt.)
2. ____ (1 pt.)
3. ____ (1 pt.)
4. ____ (1 pt.)

Nachdem du deinen Eltern die wichtigsten Informationen genannt hast, bitten sie dich, die Schule in England anzurufen. Das sagen deine Eltern:

> Was ist denn mit deiner Schwester los? Wir werden schnellstmöglich mit Lena über diese Probleme sprechen. Das kann so nicht weitergehen. Wenn sie sich nicht ein bisschen zusammenreißt, schafft sie das Jahr nicht.
> Es ist aber komisch. Bis auf Englisch war sie eigentlich immer eine gute Schülerin. Sie hat doch in ihrer alten Schule immer im Unterricht mitgemacht. Ihr Mathelehrer hat sie letztes Schuljahr so gelobt! Auch an ihrer Schule hier in Deutschland gibt es Regeln, an die sie sich halten muss – das ist doch nichts Neues. Handys müssen dort im Unterricht auch ausgeschaltet werden.
> Schon merkwürdig, dass sie uns von ihren Problemen an der englischen Schule kaum etwas erzählt hat. Das einzige, was wir wissen, ist, dass es dort mit Mathe nicht ganz so gut läuft. Der Mathelehrer ist angeblich sehr streng und deshalb hat sie Angst, Fragen zu stellen.
> Wir werden auch mit der Gastfamilie sprechen. Offensichtlich muss Lena zu Hause einfach mehr für die Schule arbeiten. Hoffentlich wird das bald wieder besser!

b) Du bereitest dich auf das Gespräch vor.
Notiere dir zunächst auf Englisch das Hauptanliegen, warum deine Eltern dich bitten, dort anzurufen (vollständige Sätze sind nicht notwendig):

____ (1 pt.)

Notiere auf Englisch fünf weitere wichtige Informationen, die du sagen sollst (vollständige Sätze sind nicht notwendig):

1. ____ (1 pt.)
2. ____ (1 pt.)
3. ____ (1 pt.)
4. ____ (1 pt.)
5. ____ (1 pt.)

2. Words and Structures

Reaching for the stars

(14 pts.)

Read the text, then choose the correct words from the box to fill in the gaps.
Use each word once only. There are more words than you need.
Be careful – some gaps are at the beginning of the sentence.

above • became • become • first • given • herself • loves • nowadays • passed prepared • sceptical • study • successfully • themselves • when • which • who

In 1961, the Russian Yuri Gagarin (1) ____________________ the first man in space. The first woman (2) ____________________ went into space in 1963 was also from Russia. At the same time in the US, many people were (3) ____________________ and did not believe women could be astronauts. It took another 20 years before the (4) ____________________ American woman followed. In 1960, some US women attended the NASA Women Space Program, (5) ____________________ allowed women to take the same medical tests as the male astronaut candidates. The seven men who (6) ____________________ the tests successfully became America's first astronauts. At the same time, 13 women also mastered the tests, but these women were never (7) ____________________ the chance to go into space.

(8) ____________________, women do all the jobs men have always done.

One example is Dottie Metcalf-Lindenburger. (9) ____________________ she was born in 1975, women in America were not even allowed to (10) ____________________ astronauts. In 2010, Dottie flew to the International Space Station (ISS) – a huge research center 200 miles (11) ____________________ the earth. She says she (12) ____________________ her job because every day is different. It is a fact that if these 13 women all those years ago hadn't been (13) ____________________ to take great personal risks, women today would not have the opportunity to go into space.

One last advice from Dottie: Girls who want to become astronauts should first go to college and (14) ____________________ a subject like mathematics or engineering. It is hard work, but it is worth it.

Adapted from: "Reaching for the stars", in: *Spot On*, 8/2009, p. 12-15

D. Text Production

Choose one of the following tasks and write about 150 words.
Count your words and write the number at the end of the text. (25 pts.)

What is the story behind the picture?

Write a text and include at least four of the following aspects:
- Where is it?
- Who is there?
- What are they looking at?
- What will happen next?
- What are your/their thoughts?

Zeichnung: Hans-Jürgen Feldhaus

or

My favourite place in the world

Write a text and include at least four of the following aspects:
- Where is it?
- What does it look like?
- When do you go/did you go to this place?
- What do you do/did you do there?
- What is special about this place for you?

Quellenverzeichnis

Textquellen

20 “Boomerang”: http://en.wikipedia.org/wiki/Boomerang (6.7.09)
21 “Nurse”: http://simple.wikipedia.org/wiki/Nurse (12.1.2017)
24 “Nightmare”: Slightly adapted from: http://www.english-the-international-language.com/reading/reading2.html
41/42 Chloe Spencer, “What’s the point of school uniform?”, *The Guardian Online,* 3. Oct. 2013
47 “Every singer wants to be in Glee”: http://www.spotlight-online.de/news/music/every-singer-wants-to-be-in-glee (20.10.2010)
63/64 “ProActive Adventure”: www.proactive-adventure.com
69 Talitha Linehan, “Who are the Aborigines?”: © *Spot on,* 03/2006, pp. 14/15, www.spoton.de
81/82 “Film Reviews”: © *Spot on,* 10/2003 bzw. 7/2005 www.spoton.de
83 Bo Niles, “Home of the Brave”, © 1998 The Hearst Corporation. All rights reserved. Reprinted from *Country Living,* July 1998 (abridged and slightly adapted)
85/86 “Independence National Historic Park, Philadelphia”: in: James Lyon (ed.): *Lonely Planet USA,* 1999 (adapted)
86/87 “Travel Specials and packages in Newquay”: www.surfnewquay.co.uk (adapted)
96/97 „Lösungs-und Bewertungshinweise: Text Production“ zaa.schule.hessen.de/fachspezifische_regelungen_englisch/ZAA_2015_E_RS_Bewertung_Textproduktion.pdf
105 Mark Haddon, *The Curious Incident of the Dog in the Night-Time* (from Chapter 83), New York (Doubleday), 2003
106/107 “The Cornflake Story”: in: Karen Carlson-Kreibohm: *American Kaleidoscope,* Berlin, 1984, S. 29 (adapted)
110 “Return of the Jamaican bobsleigh team”: http://www.spotlight-online.de/news/sport/return-of-the-jamaican-bobsleigh-team (abridged)
118 “Ethical Shopping”: in: British Council, 22.10.2014. http://learnenglishteens.britishcouncil.org/uk-now/read-uk/ethical-shopping (last accessed on 25.02.2016, adapted)
120 “Apps for Learning”: in: British Council, 04.11.2015, http://learnenglishteens.britishcouncil.org/uk-now/science-uk/apps-learning (last accessed on 25.02.2016, adapted)
122 “Waiting for Alex”: Adapted from: Kevin Brooks: *Martyn Pig,* Frome 2002, p. 174–175
126 “Reaching for the stars”: in: *Spot On,* 8/2009, p. 12–15 (adapted)

Hörquellen

14 “Train”: http://www.english-the-international-language.com/listening/listening6.html
16 “A special day”: http://www.elllo.org/english/0151/195-Nicola-BoxingDay.html
36 “Naomi’s school”: http://www.elllo.org/english/0901/T931-Naomi-School.htm
58 “The British Heritage Pass”: http://www.english-the-international-language.com/listening/listening3.html. The text of this clip has been taken from the copyright free article “Steps to Good Value Britain” prvided by VisitBritain Press Centre.
78 “Between two cultures”: http://www.elllo.org/english/0551/571-Rina-TwoCultures.html
115 Cody Crane: “Robocops Hit the Streets”, in: *Scholastic News,* 13.04.2015. http://magazines.scholastic.com/news/2015/04/Robocops-Hit-the-Streets (last accessed on 25.02.2016, adapted)
116 Meera Dolasia: “Unexpected Money ‘Downpour’ Halts Traffic in Kuwait”; from *Scholastic News,* April 4, 2015. Copyright: 2015 by Scholastic Inc. Reprinted by permission of Scholastic Inc. (adapted)
117 Christy Damio: “An unusual skateboarder”, in: *Scholastic Action,* October 04, 2010, p. 12–14; Copyright: 2010 by Scholastic Inc. Reprinted by permission of Scholastic Inc. (adapted)

Bildquellen

127 Hans-Jürgen Feldhaus

FiNALE Prüfungstraining

Realschulabschluss 2018
Hessen

Englisch
Lösungen

Lösungsheft zu 978-3-14-271807-1

westermann

TRANSKRIPTE

A Einführung

Seite 14

Track 1: A weather forecast

This is KKC news with tonight's weather forecast:

UK: Largely cloudy across England tonight with periods of rain. Mainly dry across Wales with patchy cloud. Generally cloudy across Scotland with isolated showers. Winds will be light from the south to southwest.

IRELAND: Mostly cloudy across western Ireland tonight with scattered showers. Evening showers in the east, then broken cloud. Winds will be moderate from the west to southwest.

Track 2: Station announcement

The train at platform 2 is the 17:52 Margate service, calling at Rainham, Sittingbourne, Faversham, Whitstable, Herne Bay and Margate.

Passengers for stations to Sheerness should take this train and change at Sittingbourne. Passengers for stations to Canterbury and Dover should change at Faversham.

Would passengers please note that due to engineering works the line is closed between Margate and Ramsgate and a replacement bus service is in operation.

Passengers for Broadstairs, Dumpton Park and Ramsgate should take this train to Margate and use the bus service available from the station entrance.

Seite 16

Track 3: A special day

Todd: Nicola, you're from England.

Nicola: Yes, I am.

Todd: OK. Now in England you have something called "Boxing Day".

Nicola: Yes, we do.

Todd: Yeah, so, we don't have that in America. What is Boxing Day?

Nicola: Well, Boxing Day is always on the 26th of December, the day after Christmas Day, and it was originally called Boxing Day because it was the day in England when all the very rich people in Victorian times gave presents to their servants, the day after Christmas, and usually it would be something like money, or food but they would give it to them in a small box, and so on December the 26th, servants would receive their boxes, the Christmas boxes, and that's why it was called Boxing Day.

Todd: OK.

Nicola: Today, people don't really receive money or food so much, sometimes you give extra tips at Christmas, but Boxing Day has stuck. So that's the name.

Todd: What do people do on Boxing Day?

Nicola: Uh hm, nothing really. Uh, eat the leftover turkey, turkey sandwiches, watch TV, and in my family we usually go and watch dog racing, greyhound racing. Yeah, and lose some money ...

Todd: Lose money!

Nicola: Yeah always. I do.

Todd: Wow, cool. Dog track. Is there a dog track near your house?

Nicola: Yeah, there is, where I live, yeah.

Todd: Cool. All right, thanks a lot.

Nicola: That's OK.

B Tests

Test 1 – School

Seite 35

Track 4: The Hayesbrook School

Speaker 1: Welcome to the Hayesbrook School for boys, Tonbridge. Our school has about 900 students aged 11–18. Girls are admitted to the Sixth Form at the age of 16+. We're very lucky to have a modern school building with excellent facilities for all subjects.

Speaker 2: The school day starts at 8:40 with registration and assembly and finishes at 3 o'clock. We have a five-period day. Each lesson is an hour long. There is a 25-minute break between periods two and three and a lunch break from 1:15 to 2 o'clock. The last lesson is from 2–3 o'clock. On Tuesdays there is an enrichment hour, which means that school finishes at 4 o'clock.

Speaker 3: The Hayesbrook School is a successful Specialist Sports School. We have outstanding facilities for PE lessons and many sports clubs and activities. At our school sport is used to motivate and interest students. Some of our students are Sport Leaders and organise sporting events for children from other schools in the area.

Speaker 4: The Hayesbrook School is involved in a large number of international projects and trips abroad. We currently have partner schools in France, Germany, Spain, Thailand, the Gambia and South Africa. We have organised trips to these schools and also welcomed teachers and students here in Tonbridge. Throughout the year, a number of international days are organised which are always great fun for teachers and students. In August 2007, The Hayesbrook School received the International School Award.

Speaker 5: All the students are expected to wear the school uniform. It consists of a white shirt, a dark blue pullover with the Hayesbrook Logo, the school tie, dark grey or black trousers and plain black shoes. In the summer, students should wear a Hayesbrook polo shirt and a Hayesbrook baseball cap. Jeans and leather jackets, hooded sweatshirts, boots or trainers are not allowed. Boys are not allowed to wear rings or personal jewellery. Students may wear one plain gold or silver stud earring. No other form of earring or body piercing is allowed.

Seite 36

Track 5: Naomi's school

Dai: So Miss Naomi from ... where is it you are from?

Naomi: Wales.

Dai: Wales, OK. So, and how old are you now?

Naomi: I'm eleven.

Dai: Eleven. OK, so that means you're in ... What would that be, junior school? Secondary school?

Naomi: Junior school.

Dai: Junior school. OK. And so, what grade is that in junior school?

Naomi: Six.
Dai: Oh, grade six, OK. So, tell me about your school. What kind of subjects do you study in junior school?
Naomi: We study Art and Maths and Science and English and Geography and History and RE.
Dai: RE? What's RE?
Naomi: Religious Education.
Dai: Oh, OK. And you go to school from what time in the morning?
Naomi: About quarter to nine and it starts at five past.
Dai: The first class is at five past.
Naomi: Yeah.
Dai: And then do you get a break?
Naomi: We get a break at half past ten and then lunch at twelve o'clock.
Dai: Oh, twelve o'clock, for how long?
Naomi: For an hour.
Dai: Oh, for an hour? How nice! And then what do you do for lunch in Wales? Do they have like a cafeteria where they cook for you?
Naomi: Yeah, they have that and you can bring sandwiches.
Dai: Oh, so you can bring your own sandwiches instead?
Naomi: Yeah.
Dai: OK. What do you do?
Naomi: I normally bring sandwiches.
Dai: OK. Oh, is that because the dinners are no good, or ...?
Naomi: They're OK but I don't really like them as much as sandwiches.
Dai: Oh, OK. And what kind of food do they serve in the canteen?
Naomi: They serve roast dinners and ...
Dai: Roast dinners? What's a roast dinner?
Naomi: It's like, uh, meat and vegetables.
Dai: OK. It sounds very simple.
Naomi: Yeah, and pizza and chips and ham and all sorts of stuff.
Dai: Oh OK, it sounds good. And do they give you lots of homework?
Naomi: No.
Dai: Oh really?
Naomi: No.
Dai: Oh that's good to hear. So what's your favourite subject then in junior school?
Naomi: Art.
Dai: OK, why is that?
Naomi: I don't know, I just like painting and drawing.
Dai: And then, what's the subject that you find most boring?
Naomi: Maths.
Dai: Maths? Oh really? Yeah, I'm not a big fan of Maths. So I guess if you're in grade six you'll be going on to your next school soon?
Naomi: Yeah, secondary school.
Dai: OK, and are you looking forward to that?
Naomi: Yeah.
Dai: OK, it was very nice talking to you and good luck in your next school.

Seite 37
Track 6: School subjects

1.
Teacher: Today we are going to read about Shakespeare, one of the most famous writers in the world. He lived from 1564–1616 and wrote 37 plays. Which Shakespeare plays do you know?
Pupil: "Romeo and Juliet", "Hamlet" ...
Teacher: Very good. Now, Shakespeare wrote a long time ago, so the language he used was quite different from how we speak and write today. Let's have a look. Open your textbooks at page 63.

2.
Teacher: What do we need to make a pizza base?
Pupil: The base is made from flour and water with a little salt and possibly yeast to make it rise.
Teacher: Very good. What about the topping? What would you put on?
Pupil: Well, there's got to be tomato sauce and grated cheese. In addition to that, I would put on ham, mushrooms, pineapple and maybe some salami.

3.
Teacher: Earthquakes usually happen when two land masses meet. At this point, there is a fault line, such as the San Andreas fault in California. When there is a sudden movement between the two blocks of land, the ground shakes and there can also be tidal waves. Some earthquakes are very strong. They destroy many buildings and kill hundreds or even thousands of people. Other earthquakes are so small that you hardly notice them. Earthquakes are measured using the Richter scale.

4.
Teacher: If a train is travelling from London to Manchester at 100 km/h and the two cities are 181 miles apart, how long does the journey take? How can we solve this problem?
Pupil: We have to convert the miles into kilometres first.
Teacher: Very good. 1km is 0.62 miles. So how many km are 181 miles?
Pupil: 290 km.
Teacher: Excellent. So what do we do now?
Pupil: Well, if the train travels 100 km in 1 hour, meaning 60 minutes, we have to work out how long it takes to travel 290 km.
Teacher: And how do we do that?
Pupil: We take 290 times 60 and divide it by 100.
Teacher: And that makes?
Pupil: 174 hours.
Teacher: 174 hours? That's a very long journey.
Pupil: No, 174 minutes.

5.
Teacher: Edvard Munch was one of Norway's greatest painters. His most famous picture is called "The Scream". The two painted originals can be seen in Oslo but there are many copies, too. People think that Munch must have been very depressed to paint such pictures and it is true that he had an unhappy personal life.
Here you can see Munch's painting once more. I've also brought along some other pictures. Some are very famous, others perhaps less so. Have a look at them and choose

one painting. Tell me about the atmosphere in this picture. How does the artist express this mood? Look at the composition, style and colours, of course.

Test 2 – Holidays and free time

Seite 58

Track 7: The Great British Heritage Pass

A vital new aid for visitors is the four-day Great British Heritage Pass from VisitBritain (formerly the British Tourist Authority) which gives unlimited admission to 600 historic houses, castles and gardens for four days for only £22 (or local currency equivalent).

Previously available only in seven-day, 15-day and one-month versions – which are still available. Incidentally – the new shorter duration pass makes it ideal for those coming on a short break.

It's a deal so good it's only available to visitors from overseas and will pay for itself very quickly.

Seite 59

Track 8: An unusual sport

Reporter: Hello, this is Sarah Richardson from Radio Kent. Today I'm in Ashford and I'm talking to 15-year-old David Goodwin. David is this month's sports personality and we're here to meet him. Hello, David.
David: Hi.
Reporter: How does it feel to be sports personality of the month?
David: Pretty cool, really.
Reporter: Now, can you tell us which sport you do?
David: Actually, I do a lot of sports. I'm in the school's rugby and athletics teams and I also like swimming but my favourite sport is handball.
Reporter: That's a rather unusual sport.
David: It is here in Britain but it's quite big all over Europe and also in some Asian and African countries.
Reporter: How did you get started?
David: Well, it was my dad, really. He's always been enthusiastic about it and he even founded the local handball club. When I was about 10 years old, he just took me along.
Reporter: So, do you play in a league?
David: We do but it isn't very big because there aren't many teams. Another problem is that the clubs are pretty far apart. There are three London teams, one in Oxford, one in Cambridge and one in Southampton.
Reporter: That's a long way to travel.
David: Yeah, but we don't travel all the way just for one match because it's too far and too expensive. So we have three or four tournaments throughout the year where all the teams play one another.
Reporter: How often do you practise?
David: Once a week for two hours.
Reporter: That's not very much.
David: No, it isn't but that's OK. The level of handball here in Britain is not as good as in other European countries.
Reporter: Oh, why is that?
David: I don't know. I guess there aren't enough people playing it and generally, people don't know about it at all. So it can't really develop as a sport. When I'm older, I want to go abroad and play for a foreign club, maybe in Norway or Denmark or in Germany.
Reporter: That's not going to be easy, is it?
David: No, it won't be and I don't think that I'll end up in a top team but I don't mind playing for a second division team. The level of competition is so much higher there than it is over here.
Reporter: Well, that certainly sounds very interesting. Do you have any other hobbies?
David: I like music and I play in a band.
Reporter: You are a busy man. What instrument do you play?
David: I play the guitar.
Reporter: When did you start playing the guitar?
David: I think I was about eight or nine years old. I wasn't really that keen to start with because you have to work hard if you want to be good. Anyway, I'm glad that I kept going because it's a lot of fun.
Reporter: Well, David, thanks for the interview and good luck for the future!

Seite 60

Track 9: Do you do sports?

Speaker 1: I used to do a lot of sport when I was little but as I grew up I wasn't as interested in sports any more. I also don't have much time because of school and I have a job as well.

Speaker 2: I'm not really athletic but I go to the gym once or twice every week to keep fit and to tone my body.

Speaker 3: I couldn't imagine my life without sport. I go to training practice four times a week and I often have matches and competitions at weekends. Last year I was district champion at the high jump and came third in the 100 metres.

Speaker 4: I love watching sports on TV, especially football. Whether it's Formula 1, athletics, swimming or cycling, I watch almost any sports event. Last year I got my own TV because my mum was fed up with me watching sports programmes all the time.

Speaker 5: To be honest, I hate all that hype about sports. Sometimes you can't even watch decent television because all they show is this championship or that world cup. Soccer is the worst! I just can't see any fun in it. To me, it's a waste of time.

Test 3 – Living in another country

Seite 78

Track 10: Between two cultures

Todd: So, Rina, now you are Lebanese (Mm-hm) and you grew up in a very small Canadian town.
Rina: Oh, yes.
Todd: So you really have two cultures. What's it like growing up with two cultures?
Rina: In the beginning it was very hard. My dad was very strict. I wasn't allowed to work. I had to fight to have my first job at 19.

Todd: Wow. At 19.
Rina: At 19. I wasn't allowed to have a boyfriend. I had to fight for that one, too, and I had my first boyfriend at 18. Wasn't allowed to go out. First high-school dance was grade 11. So, I hated it in the beginning. I was – but now ... now I appreciate it and I know where my parents were coming from.
Todd: So, is this the standard Lebanese family type culture where the daughters are not allowed to work?
Rina: Ah, yeah, my dad basically believed that if I went out and worked I would, you know, be hit on by guys. It just wasn't a place for his daughter, and typically before, yeah, women didn't work. They stayed at home. They took care of the kids. They, you know, it was a typical patriarchal society and my dad was very, very strict, and I spent a lot of my childhood pushing away my culture because of that.
Todd: And how do you feel about your culture now?
Rina: I'm very, very proud about it. I love it. It's nice to be different and I'm glad I get that chance to do that. Um, the only thing, when I was in Lebanon, it was hard as well because people didn't see me as Canadian, and they didn't see me as Lebanese. You know I was, a lot of people didn't talk to me because of it. I went there and a lot of people shunned me basically.
Todd: So even though you had no language barrier at all cause you speak Lebanese?
Rina: Yep, yep, no, they basically, you know they were mad at me because I was too Canadian, or they were mad at me that I wasn't enough Canadian, and like, it was just, you know, it was insane.
Todd: That's pretty tough.
Rina: Yeah, well, they have their, they have their image of what you know, what Western society is like from movies and, you know, because you know I have my tattoos, they thought I was just basically Satan's spawn, and because I wasn't running around like a tramp, they thought well, "What is she doing? What is she supposed to?" it was just the worst of both worlds really.
Todd: Ah, that's terrible.
Rina: Yeah, so because, they do, they have, and actually I have to specify this: I was in a village. Like, my parents are both from villages.
Todd: Oh, I see.
Rina: In Beirut, it's different, but when I was in the villages, where I stayed the majority of the time, it was like that, but I got, I had, I made my little ... older ladies love me, but they were talking to me at the end, having coffee with me while I smoked my cigarettes, yep, yep.
Todd: Oh, that's good to hear.

Seite 79
Track 11: At the airport
Speaker 1: Welcome to New York. Please stay seated and leave your seatbelts on until we have reached our final parking position and the seatbelt signs have been switched off. Please make sure you take all your belongings with you and be careful when opening the overhead lockers. Once you have left the aircraft please proceed directly to immigration.
Speaker 2: US citizens please use lanes 1 to 4, EU citizens use lanes 5 to 7, non-EU citizens use lanes 8 to 10. Please have your passports and immigration cards ready for inspection to avoid unnecessary delay.
Speaker 3: This is a message for all international passengers. Please pick up your luggage and proceed through customs. For safety reasons all luggage must be picked up and checked in again for connecting flights. Passengers of flight LH 369 from Munich please proceed to luggage belt 26, passengers of flight UA 216 from Zurich please proceed to belt 34 and passengers of LH 341 from Frankfurt to belt 36.
Speaker 4: This is an important announcement for all transit passengers to Detroit or Chicago. Due to weather conditions all flights will be delayed by 30 minutes and departure gates have had to be changed. Would passengers for UA flight 114 to Detroit please use gate B 24, passengers for UA flight 214 to Chicago please proceed to gate B 27. Flight UA 244 to Washington will depart from gate B 29.
Speaker 5: This is an important safety announcement for all passengers. Please make sure you keep your luggage with you at all times and never leave it unattended. In case you notice any unattended luggage or suspicious object please alert a security guard immediately.

Seite 80
Track 12: A debate on immigration
Speaker 1: Well, we sometimes forget that the story of the United States is pretty much a story of immigration. After all, the first settlers that came to this country in the 16th century, I mean, they were Spanish, lots of them came from Spain or Portugal ... and then came the French, later the Germans, Dutch etc. along with the British settlers. So this is by no means an Anglo-Saxon country. Everybody is an immigrant and this is what the U.S. is all about.
Speaker 2: Well, that's not the point, really. We still welcome immigrants to this country who believe in what America is all about and are prepared to integrate and become part of our society. The problem we are faced with today is the wave of illegal immigration from South America, hundreds of thousands of people who just come here and flood our cities with poverty, crime and, and ... That must be put to an end!
Speaker 3: Oh no, not that again. That tedious stereotype of the Mexican immigrant who has nothing better to do than deal in drugs, break into our houses and do all sorts of things to our wives and daughters. As long as we don't give these people a chance to find an honest job and build up a decent life here it's our own fault, basically. We have a responsibility for these people – and we have the means. If we can shovel hundreds of millions of dollars into the financial system, that means we certainly have enough money to make sure everybody who comes here has a decent life.
Speaker 4: Well, when I grew up here in Philadelphia, I lived in a neighborhood where Blacks and Jamaican gangs fought in the streets almost every night. It was a territorial thing, really. The Blacks were there first and then the Jamaicans came and that's when the trouble started. I mean, there were gun fights and riots all the time. When I moved into a different neighborhood, there were Korean gangs and Hispanics. Not so many guns now, but knives and baseball bats and all that. I was afraid of walking out into the streets – in my own country.

Speaker 5: I came to this country in 1985 with my wife and my two daughters because I was forced to leave the country of my birth and I believed that here in America I would be able to live a decent and honourable life and give a future to my family. And I have succeeded. It was hard work, but I have my own business now, my own house in a nice neighborhood and my own car. If everybody worked as hard as I did, we wouldn't have all these problems, would we?

Test 4 – The world of work

Seite 101
Track 13: Radio adverts
1.
There is a vacancy for an electrician with a local building company. Hours are flexible but you need to be able to work nights and some weekends. The salary is £30 per hour with a guaranteed minimum of £600 per week.

2.
Clark's shoe shop in Foster Street, Liverpool is looking for staff. The shop is open every day from 9 a.m. – 5 p.m. and applicants would have to be available to work on Saturday mornings.

3.
There is a vacancy for a trainee plumber at our branch in Swindon. The successful applicant should have completed secondary school with good results in Maths, Science and Technology. The training course will last two and a half years. There is a possibility of a permanent job at the end of the training.

4.
We are looking for an assistant for our animal shelter in Canterbury. Formal qualifications are less important than an interest in and a love of animals. Many of our animals have been badly treated and need patience and understanding.

5.
Thomas Cook's main office in Manchester is looking for a new employee. The job involves dealing with questions from the public about special offers and occasionally speaking to our Frankfurt office, so an ability to speak German would be an advantage.

Seite 102
Track 14: What's his job?
Reporter: Hi, Gavin. Do you have a job?
Gavin: Yes, I work at a country club which has a private golf course.
Reporter: And what exactly do you do there?
Gavin: I'm a caddy. I carry the golf clubs around for the people and hand them to them. I also clean the clubs.
Reporter: Do you like doing that?
Gavin: I don't mind. I don't really have to work very hard and most people are all right.
Reporter: And have you been working there for a long time?
Gavin: I started almost two years ago.
Reporter: How often do you work there?
Gavin: I'm really lucky because I can choose the hours I work. I call in whenever I can, usually for about four hours each time.
Reporter: What's the pay like?
Gavin: Oh, pretty good. I get about £30 for four hours. That's quite a lot really.
Reporter: Yes, I should think there aren't many pupils who earn that much money. So what do you do with it?
Gavin: I try to save a lot for the future. I want to take driving lessons soon. But I like spending money, too, when I go shopping.
Reporter: What do you spend it on?
Gavin: Well, I buy computer magazines and games and some clothes, too, jeans, trainers and that sort of stuff.
Reporter: And what about your friends? Do they have jobs, too?
Gavin: Some of them do but not that many now.
Reporter: Why is that?
Gavin: Because there's a lot of school work in the final year before the exams. Most of them don't have enough time to learn for school and to have a job.
Reporter: And those who do have jobs, what do they do?
Gavin: One of my mates works in a garage and some of the girls work in shops and department stores.
Reporter: When do they work?
Gavin: I don't know exactly, once or twice a week after school and on Saturdays.

Seite 103
Track 15: Where do they work?
1.
Customer: Excuse me, do you have these in size 16?
Shop assistant: We do but only in black, I'm afraid.
Customer: No, I don't really like black.
Shop assistant: What about these shirts? They are very fashionable and I think they would suit you very well.
Customer: I'm not sure.
Shop assistant: Would you like to try one on? The changing cubicles are over there.

2.
Waitress: Would you like to sit indoors or out in the beer-garden?
Customer: We'd rather sit outside.
Waitress: Here you are.
Customer: Thank you.
Waitress: What would you like to drink?
Customer: We'll have a pint of beer and a glass of red wine, please.

3.
Travel Agent: Where would you like to go?
Customer: Somewhere warm, perhaps Spain or Italy.
Travel Agent: For how many people?
Customer: Two adults and two children.
Travel Agent: Would you like to stay in a hotel or in a holiday apartment?
Customer: We'd prefer a hotel. It needs to be child-friendly.
Travel Agent: Half board or all inclusive?

Customer: All inclusive, if possible.
Travel Agent: How much are you prepared to spend?

4.
Mechanic: Tucker & Son, John Mitchell speaking.
Customer: Hello, Mr Mitchell. Susan McLaren here. My car is due for a service. Could you fit it in some time next week?
Mechanic: Let me see, ... Tuesday or Wednesday morning.
Customer: Wednesday would be lovely.
Mechanic: Is 8:30 OK?
Customer: That'll be fine. Could you check the tyres, please? I think, I'll need new ones.
Mechanic: No problem. That was a Renault Megane, wasn't it?
Customer: That's right. Oh, and the headlight on the driver's side isn't working.
Mechanic: We'll fix it.

5.
Nurse: Good morning. How are you feeling today?
Patient: A little better, I think.
Nurse: That's good to hear. The doctor will want to see you quite early this morning. So it would help if you could have breakfast straightaway.
Patient: OK.
Nurse: I'd need to take your blood pressure and the temperature first. And here are your tablets.
Patient: Right, thank you.

Originalprüfung 2016

Seite 115
Track 16
Hello, this is the listening exam. I am going to give you the instructions for the test.
There are three parts to the listening exam. At the beginning of each part you'll hear this sound.

You may write down your answers at any point during the listening exam.

Part One
In part one you will hear two news items. You will hear the news items twice. Before listening to each news item, you will have 20 seconds to read the tasks. You now have 20 seconds to read the tasks for news item one.
(20 seconds break)
You are now going to hear the first news item for the first time.
After a short break, you will hear the news item again.

News Item 1: Robocops hit the streets
Huge robots have invaded the city of Kinshasa in the Democratic Republic of Congo, but they are not there to cause trouble. They are lending a helping hand – directing traffic! Last month, the city installed three 8-foot-tall robots, named Tamuke, Mwaluke, and Kisanga. These machines are being used as police officers to watch for drivers who do not follow the rules of the road. This should help make the streets safer. To monitor traffic, each solar-powered robot has video cameras in its eyes and they also have traffic lights in their hands – all they lack is sirens. The robots were designed by a group of Congolese engineers. They would like to build 30 additional robots. Each one costs around US$ 27,500. So far, people seem pleased with the robocops. A Kinshasa man named Demouto Mutombo told CCTV Africa that since the arrival of the robots, people had driven more respectfully.

You now have 20 seconds to read the tasks for news item two.
(20 seconds break)
You are now going to hear the second news item for the first time.
After a short break, you will hear news item two again.

Track 17
News item 2: Unexpected "downpour"
We have heard of it raining frogs and even spiders, but cold hard cash? That has to be a first! While it may be hard to believe, a sudden "downpour" of money is exactly what some lucky residents of Kuwait City recently experienced. Video footage of the incident shows traffic coming to a halt as residents chase down the banknotes that are being blown across the streets by strong winds. According to some news reports, the notes were being blown away in a strong sandstorm as some bank employees were trying to fill a cash machine. However, no financial institution has thus far admitted responsibility for the incident. But the few residents fortunate enough to get a piece of what some estimate was as much as $750,000 are not concerned about where this unexpected wealth came from. They are just happy to have been in the right place at the right time.

Seite 116
Track 18: Part Two
In part two a reporter is carrying out a survey. You will hear this twice. Before listening, you will have 40 seconds to read the task. You now have 40 seconds to read the task.
(40 seconds break)
You are now going to hear the survey for the first time.
After a short break, you will hear the survey again.

Survey: Should tablets replace textbooks?
Reporter: Good morning from Truro! I am here on a mission to find out if it would be a good idea to have a paperless classroom. Some schools already use tablets instead of textbooks. Here at Penair Secondary School, students type instead of writing in their exercise books. Let's ask them whether they would prefer tablets to textbooks. Hello, what's your name and what do you think?
Ellie: Good morning, my name is Ellie. I love the idea of having a single tablet instead of carrying around a load of books. I have a bad back and sometimes my school bag weighs so much I can hardly lift it up! For me, a tablet would definitely make life much easier!
Jack: Hello, my name is Jack. I'm absolutely pro-tablet. To tell you the truth, I'd play on the tablet in lessons if I had access to the Internet. Teachers think that by using filters they can prevent us from playing games on the Internet

or from using inappropriate sites. Well, who has got better technology skills – a 16-year-old or a 50-year-old? Oh, but please don't tell anyone – otherwise we'll never get any tablets here!
Mr Sanders: I'm Mr Sanders and I teach science here. Using tablets in the classroom would be a great opportunity for both teachers and students. Science lessons would be so much easier to prepare as we'd be able to use hyperlinks and videos. We could also download great apps like the Encyclopaedia Britannica and use them in lessons. What is more, unlike printed textbooks, digital content can be updated continuously.
Abigail: My name is Abigail. Although I'd like to use a tablet in class, I don't think it's a realistic idea. My parents don't have much money, so who would pay for my tablet? And what if the screen got broken or the device got stolen? I'd live in constant fear of losing or damaging the tablet. No, I'd rather not use one in school.
Liam: I'm Liam and I was just thinking about how disorganized some students are. Probably one quarter of the class would constantly forget their tablets at home while others wouldn't be able to use their tablets in class because they would forget to charge them overnight. Unfortunately, that would include me. I definitely prefer old-fashioned books that need no extra care!
Edward: Hi, I'm Edward. I know for sure what my parents would say if school told them we were going to use tablets in class. They think that tablets are simply a distraction. But I think I would put in more effort at school if I had a tablet, and lessons would be much more interesting because they'd be like a multi-media experience.
Jacob: Hello there, my name is Jacob. It's about time we started using tablets in the classroom. How can a paper textbook prepare us for the workplace? You need tablets or computers for nearly every job nowadays. So if we use digital tools on a daily basis at school, we'll be confident users of modern technology when we start work.
Reporter: Well, thank you all for these interesting insights! We'll see what the future holds!

Seite 117
Track 19: Part Three
In part three you will hear an interview. You will hear the interview twice. Before listening to the interview, you will have 30 seconds to read the task. You now have 30 seconds to read the task.
(30 seconds break)
You are now going to hear the interview for the first time. After a short break, you will hear the interview again.

Interview: An unusual skateboarder
Reporter: This morning I'd like to welcome a teenage skateboarder. Skateboarding is something that most of you do out there, and you're probably thinking, what's so special about skateboarding? Well, let my guest tell you for himself. Hi there, Tommy Carroll – what makes you so special?
Tommy: Good morning. Well, what makes me special is that I can skateboard even though I'm totally blind. You see, when I was a baby, I had a rare eye disease and eventually I lost my eyesight completely. This means I have to use a special laptop with audio features at school to help me with my studies.
Reporter: So you've never been able to see anything? What was it like growing up?
Tommy: On the one hand I was a normal kid growing up in Chicago, but it wasn't easy. I did a lot of stuff – I ran, swam, and even biked with someone who guided me. But things got really difficult when I wanted to learn karate – I couldn't find anyone to teach me as all the teachers were scared I'd hurt myself.
Reporter: Amazing – teachers more scared than the kids! Was that the only problem you faced?
Tommy: No, it wasn't. Things weren't easy during breaks at elementary school, either. I wanted to join in and play football with all the other kids, but they just didn't know how to include me, so they left me out. Most of the time I ended up sitting around on my own. That's when I thought about trying skateboarding.
Reporter: And why was that so good for you?
Tommy: Well, skateboarding is something I can do on my own – it is an individual sport. I spent hours at the skatepark and got a plan of it in my mind so I knew where to go. The changing sound of the wheels told me where I was on the ramps, so I always knew how high I was and when I'd be coming down again.
Reporter: Wow, that's impressive!
Tommy: Yes, but it was hard work, I fell off my board loads of times! But that didn't put me off, and as I developed my skills, I got more confident too.
Reporter: I believe you have already fulfilled one of your dreams?
Tommy: Two of them, actually! I had always wanted to join the team of a skateboard company, and that worked out about 18 months ago. But the best thing ever was getting a phone call from Tony Hawk, the world's best skateboarder, saying he wanted to ride with me! That was the most awesome experience ever, I can tell you.
Reporter: I bet! You have told us about your problems at elementary school. What are things like for you now?
Tommy: Well, I'm a high school senior now. I still skateboard, of course, and I also run, play the drums, and I'm even considering a career in journalism. I'm going to college next year, and after that – who knows?
Reporter: Indeed! Tommy, thanks for the interview and we wish you all the very best for the future.

You may now continue with the rest of the exam. Good luck!

LÖSUNGEN

Hinweis: Zur Beantwortung der „Use of Language"- Aufgaben kannst du in einer Grammatik die entsprechenden Kapitel nachschlagen.

A Vorbereitung auf die Abschlussprüfung

A 2.1 Selektives Verstehen

Seite 14
Track 1: A weather forecast
1. true
2. false
3. false

Track 2: Station announcement
Step 1: train trip to Ramsgate, station announcement
Step 2: Are there any changes to the platform or the departure time?
Step 3: train, Ramsgate, platform, changes, passengers

1. a) on time
2. a) from platform 2
3. b) take the bus from Margate

A 2.2 Globales Verstehen

Seite 16
Track 3: A special day
Step 1: conversation between two people, topic: a special day in Britain
Step 2: who is talking, what are they talking about, why is it special
Step 3: special, date, holiday, celebrate, reason

Somebody from **America** interviews Nicola, who lives in **England**. Nicola tells him about **Boxing Day**, which is on **26th December**. She explains that the name comes from Victorian times when rich people **gave presents to their servants**.

A 2.3 Detailliertes Verstehen

Seite 17

A	–
B	John
C	Bill
D	Peter

Seite 18
1. zeitlicher Zusammenhang:
   first, then, after that, before, after, afterwards, in the end, the following day/month/week, late ...

2. logischer Zusammenhang:
   therefore, because, although, that's why, for this reason, in spite of that, nevertheless, but, on the one hand/on the other hand, ...

3. Zustimmung:
   I (fully, partly) agree, I'm of the same opinion, that's a good point, certainly, ...

4. Ablehnung:
   I don't agree, actually you're wrong here, I'm afraid ..., however, ...

A 3.1 Arbeitstechnik: Vorwissen aktivieren

Seite 21
1. Berufe im Pflegedienst (Pfleger, Krankenschwester)

2. *Lösungsvorschlag:* Pflegen, Betten machen, kleinere medizinische Handreichungen (z.B. Blutdruck messen, Blut abnehmen, Spritzen geben), schlechte Bezahlung, Berufskleidung, Ausbildung im Krankenhaus

3. *Lösungsvorschlag:* hospital, doctor, patient, bed, illness, injury, medicine, blood, ill, sick, to take care of, to work at night, to help

A 3.3 Arbeitstechnik: Wörter erschließen

Seite 24
evil – böse, das Böse
defend – verteidigen
muscles – Muskeln
respond – reagieren, antworten
handle – Griff
creak – knarren
glint – glitzern, das Glitzern
finally – schließlich, am Ende
sweat – Schweiß
pound – hämmern

B Tests
Test 1 – School
Listening Comprehension

Seite 35
Part One: Welcome to The Hayesbrook School
1. yes
2. yes
3. no
4. yes
5. no
6. no

Seite 36
Part Two: Naomi's school
1. Wales
2. c)
3. grade 6
4. c)
5. a)
6. ok
7. b)
8. art
9. maths

Seite 37
Part Three: School subjects

subject	extract no.
Art	5
English	1
Geography	3
History	–
Home Economics	2
Maths	4

Reading Comprehension

Seite 38
1 Private Schools
1. E
2. D
3. B
4. A
5. –
6. C

Seite 39
2 Charlene's Diary
1. false
2. true
3. false
4. false
5. true
6. true
7. true
8. false
9. true

Seite 41
3 What's the point of school uniform?
Lösungsvorschlag:
1. School uniforms give her a sense of belonging, take away the pressure of what to wear and deter bullies.
2. *Mehrere Möglichkeiten:*
   Students don't have to worry about peer pressure when it comes to their clothes. Everyone is dressed the same. No competition about being dressed in the latest trend. School uniforms create an identity for the school in the community.
3. Some students thought that jumpers and polo shirts were "childish".
4. Roughly 160,000 children in America miss school every day due to fear of attack or intimidation by other students.
5. *Im Text werden viele Argumente für Schuluniformen genannt. Die Antwort für Schuluniformen könnte Argumente aufgreifen und so beginnen*:
   I think school uniform is a good idea because ...
   Gegen Schuluniformen könnte so argumentiert werden:
   I would not like to wear school uniform, because ...
   ... I want to choose the clothes I wear. I think blazer, shirt and tie are not comfortable.
   ... the argument that uniform teaches people to dress well is not convincing: real school uniforms often do not look smart at all.
   ... my German school does not need a uniform to make us feel close and proud of our school.
   ... a school uniform creates a monopoly for manufacturers and shops, which makes it both more expensive and often lower in quality than ordinary teenage clothes.

Mediation

Seite 45
1. Mediation
1. 1543
2. im historischen Zentrum von Chester
3. Sporthalle, Schwimmbad, Computerräume (zwei Nennungen genügen)
4. Musik, Kunst, Theater (zwei Nennungen genügen)
5. ab elf Jahren
6. Is there any possibility to be picked up from the airport?
7. When does the school year start?
8. Do the students have to cook for themselves?
9. Which countries do the foreign students come from?
10. Are there any activities during the school holidays?

2. Words and structures
The internet killed Top of the Pops, MTV is not what it once was and hardly anyone **watches** music on television anymore. Except when Glee is on air. Part comedy, part drama, the **show** has become a runaway success.
The **first** episode of the second season **was** watched by 12.5 million Americans, up 60 percent from last autumn. The show then sold 410,000 downloads of the five songs it **featured**. Now some of the entertainment industry's **biggest** names want to be part of the action. Gwyneth Paltrow and Javier Bardem will **star** in the second season,

and a Madonna special last season was such a hit that a mini-album of the songs was released.
"What Glee has done for music more than anything else is connect generations," a Fox spokesperson **told** the *Times*. "Kids **who** are 15 are now finding out who Neil Diamond is." A show with **schoolkids** singing cover versions of classic pop and rock songs sounds like an unlikely winner, but life is full of surprises. What **happened** to music TV? It **became** Glee.

Text Production

Seite 48

❶ **Writing a newspaper article**

Lösungsvorschlag:

Climate change is a topic which concerns all of us, especially young people. It's our generation that must make decisions on how to reduce the production of CO_2 in order to reduce the greenhouse effect and to prevent our world from warming up. Otherwise, more hurricanes, floods and droughts will be the results. A lot of energy is wasted at schools these days and students should start developing ideas of how to reduce the "energy" footprints of their schools. For example, so-called "energy agents" can be trained: students who switch off the lights, make sure there is frequent airing of rooms and switch off electrical devices. Rubbish can be separated and students can cycle to school more frequently or join a car pool.

❷ **Writing an essay**

Lösungsvorschlag:

In Great Britain, most students wear school uniforms at school. They often consist of a skirt for girls and trousers for boys, a shirt or blouse and a blazer.
In Germany, students can wear what they want at school, which often leads to peer group pressure. Many people in Germany agree that it might be a good idea to introduce school uniforms in this country as well.
The advantages of school uniforms are that they are cheaper than ordinary clothes. Everybody at school looks the same, there are no obvious class differences which could be noticed by the choice of brands. In a positive case, school uniforms can prevent kids from poor families from becoming outsiders in class.
The disadvantages of school uniforms are a lack of individuality and of creativity which can be expressed by clothes. School life becomes more formal if everybody wears a uniform, sometimes with a tie. Apart from that, class differences can become obvious by the use of brand articles, too.
To sum up, it can be stated that school uniforms can be a good idea if students agree to wear them. A choice of jeans and T-shirts could be a less formal alternative to British uniforms. On the other hand, problems of outsiders should be discussed, irrespective of school uniforms.

Seite 49

❸ **Writing a formal letter**

Um diese Aufgabe lösen zu können, musst du wissen, wie ein Geschäftsbrief aufgebaut ist. Schau dir den Infokasten auf Seite 30 an. Vergiss nicht die Absenderangabe, das Datum, die Anschrift und die Betreffzeile sowie eine förmliche Anrede und einen Briefschluss.

Lösungsvorschlag:

Schöne Aussicht 5
35037 Marburg

February 9, 2017

Lord's School
Northwick House
Abbey Hill
Chester, Cheshire
CH1 7BH
England

Information

Dear Sir or Madam,

My name is Jasmin Mustermann, I am 16 years old and I am from Marburg, Germany. I am a year-10 student at a secondary school and I am taking my final exams in May. After that, I would like to attend your school for one year in order to prepare for an EFL exam.
I am interested in your school because it has a very good reputation and offers a wide range of activities. I have been learning English for six years and I'm especially interested in History and Maths.
Please send me some more information about your school or the address of your website.
How much do I have to pay to attend your school?
Could I attend your school as a day pupil and live with a family in Chester?
Does your school offer courses in computer skills?

Yours sincerely,
Jasmin

Test 2 – Holidays and free time
Listening Comprehension

Seite 58

Part One: The Great British Heritage Pass

❶ c) four days
❷ c) houses, castles and gardens
❸ b) £22
❹ c) foreign visitors only
❺ b) and c) seven days, one month

Seite 59
Part Two: An unusual sport
1. 15
2. month
3. c) rugby and athletics
4. dad
5. three
6. once a week (for two hours)
7. c) not as good as in other European countries
8. b) for a foreign club
9. guitar
10. a) he had to work hard

Seite 60
Part Three: Do you do sports?
Speaker 3 takes sports seriously.
Speaker 1 was sporty as a child.
Speaker 5 hates sports.
Speaker 2 does sports to have a nice figure.
Speaker 4 is not an active sports person.

Reading Comprehension

Seite 61
1 Sightseeing
1. D
2. A
3. –
4. –
5. B
6. E
7. C

Seite 63
2 ProActive Adventure
1. false
2. false
3. false
4. false
5. true
6. true
7. false

Seite 65
3 Is it "Game over"?
Lösungsvorschlag:
a) They complain about a lack of facilities, cold weather, pressure to be competitive or the sports kit in the sports lessons. Sport at school is regarded as "not trendy".
b) It's all just fashion. These clothes are rarely used for sports activities.
c) They like sitting at home with play stations and computers.
d) Kids used to play football and cricket. It was important for them to keep fit and healthy.
e) They like the idea of being slim. So they smoke to suppress their appetite rather than developing a healthy lifestyle.
f) Big efforts must be made to give schools adequate facilities.

Use of Language

Seite 67
1. Mediation
Lösungsvorschlag:
DU: These two ladies would like to see "Cats". Do you have two tickets for the show tonight?
DU: Die Vorstellung ist leider ausverkauft. Das tut ihm leid. Er könnte Ihnen Karten für die Show am Donnerstag anbieten.
DU: They can't go on Thursday because they are flying home on that day. Do you have tickets for a different musical? "Mamma mia" for example? Do you still have two tickets for that musical for tonight?
DU: Sie haben Glück. Es gibt noch Karten für die Vorstellung um 20.00 Uhr heute Abend. Es gibt Karten für £40 oder günstigere für £22. Welche möchten Sie gern haben?
DU: They will take the cheaper ones.
DU: Das kostet £44. Zwei Karten für "Mamma mia" um 20.00 Uhr heute Abend. Er fragt, ob er noch etwas für Sie tun kann.
DU: Can they get there by tube? Is there a tube station nearby?
DU: Ja, Sie können mit der U-Bahn fahren, es gibt eine U-Bahnstation in der Nähe. Er hat es auf der Karte markiert.
DU: Here's £44. Thank you very much.

Seite 69
2. Words and structures
Bei dieser Aufgabe werden deine Grammatik- und Wortschatzkenntnisse überprüft. Du musst ein Wort ankreuzen, das in den Satzzusammenhang des Lückentexts passt.

1. at least
   Achtung! „At least" heißt „mindestens" und „at last" „schließlich" oder „endlich".
2. since
   „Since" bezeichnet einen Zeitraum, der in der Vergangenheit begann und bis heute andauert.
3. where
   „Where" heißt „wo" und deutet auf die Örtlichkeit hin, in der die Aborigines leben.
4. until
   Unterscheide „while" („während" in der Gegenüberstellung), „during" („während" als Präposition) und „until" (bis).
5. destroy
   Die Tatsache, dass die Kinder der Aborigines von ihren Familien fortgerissen wurden, deutet darauf hin, dass die Kultur der Aborigines zerstört werden sollte.
6. differently
   Hier wird „to think" näher definiert, es steht also mit einem Adverb, das man an der Endung -ly erkennt.
7. harder
   Im Vergleich steht die Steigerungsform des Adjektivs „hard".

Text Production

Seite 71

❶ **Writing a formal letter**

Um diese Aufgabe lösen zu können, musst du wissen, wie ein Geschäftsbrief aufgebaut ist. Schau dir den Infokasten auf Seite 29 an. Vergiss nicht die Absenderangabe, das Datum, die Anschrift und die Betreffzeile sowie eine förmliche Anrede und einen Briefschluss.

Lösungsvorschlag:

Schöne Aussicht 5
35037 Marburg

June 9, 2017

USTRAVEL
37 Greenboro Road
Miami
Fl 33333
USA

Becoming a club member

Dear Sir or Madam,

My name is Jasmin Mustermann. I am 16 years old and I am from Marburg, Germany. I am interested in joining your club because I like meeting people from different countries and I like travelling. In your advertisement you write about the possibilities of getting to know a different culture and making new friends by joining your club.
Please send me some more information about USTRAVEL or the adress of your website.
How much does it cost to become a member? Will I have to host people, too?

Yours sincerely,
Jasmin

❷ **Writing an e-mail**

In einer E-Mail musst du weniger formale Vorgaben beachten. Du solltest aber deine Adresse angeben.

Lösungsvorschlag:

----- Original Message -----
From: Jasmin Mustermann
To: London Trips
Sent: Saturday, June 03, 2017 11:05 AM
Subject: Travelling to London

Dear Madam or Sir,

I'm a 16-year-old student from Germany and I would like to travel to London.
Please send me some information about cheap accommodation like youth hostels or B&Bs in London and the most important sights. Do the museums cost anything? What's the cheapest way of travelling from Germany to London? Will I be allowed in bars and restaurants?

Yours sincerely,
Jasmin

Jasmin Mustermann
Schöne Aussicht 5
35037 Marburg

Test 3 – Living in another country
Listening Comprehension

Seite 78
Part One: Between two cultures

❶ a) Lebanese
❷ c) a small town in Canada
❸ c) hard
❹ c) in grade 11
❺ a) he was afraid of her male colleagues
❻ b) she thinks it's nice to be different
❼ a) wrong
b) right
c) right
d) right

Seite 79
Part Two: At the airport

❶ c) the seatbelt signs have been turned off
❷ b) proceed to immigration
❸ 5-7 (EU) or 8-10 (non-EU)
❹ b) my passport and my immigration card
❺ proceed through customs
❻ a) no. 36
❼ b) gate 27
❽ right
❾ right
❿ wrong

Seite 80
Part Three: A debate on immigration

Aufgabe	speaker no.
1	**3**
2	–
3	**2**
4	**1**
5	**4**
6	**5**

Reading Comprehension

1 Film Reviews
1: E
2: B
3: D
4: C
5: A

Seite 83
1 Bo Niles, *Home of the Brave*
A a) Niles lives in a multi-cultural environment.
B b) The neighborhood children love Sicilian pizza.
C b) Niles knows his neighborhood very well.
D a) When he was a boy, his family emigrated to Italy.
E a) In Italy, his father worked as a pianist-composer.
F b) Going to Italy was a positive experience for Niles.
G a) He admires people who emigrate to another country to start a new life there.

Seite 85
2 Independence National Historic Park, Philadelphia
a) Declaration of Independance, Independence Hall, Independence Square, Congress Hall, the Liberty Bell Pavilion
b) It's the birthplace of American government.
c) The Declaration of Independence
d) Because it's cracked.
e) There are cheap hotels and campgrounds. The cheap hotels cannot be recommended.
f) Bank St Hostel. It's safe and close to the train station and major sights.

Use of Language
1. Mediation

Seite 86
Lösungsvorschlag:
a) nein
b) Übernachtung mit Frühstück im Hotel
c) nein
d) mit dem Bus
e) Vorauszahlung, 10 % bei Reservierung, 90 % zwei Wochen vor dem Urlaub
1. Are there courses for all levels? From beginners to advanced learners?
2. My friend is only 15 but he will turn 16 during the holidays. Is that a problem?
3. How long does a lesson last?
4. What does "early reservation" mean?

2. Words and structures

Seite 88
Watching television
Bei dieser Aufgabe werden deine Grammatik- und Wortschatzkenntnisse überprüft. Du musst ein Wort ankreuzen, das in den Satzzusammenhang des Lückentexts passt.

1. **have been**
   Die passende Zeiform ist das *present perfect* (Signalwort: „over the last several years")
2. **on**
   „many studies" steht mit der Präposition „on"
3. **of**
   „disadvantage" steht mit „of"
4. **a lot**
   wird übersetzt mit „zu einem großen Teil"
5. **their**
   possessive adjective, wird mit „ihr" übersetzt
6. **after**
   „to look after someone": auf jemanden aufpassen
7. **wouldn't exist**
   Das *conditional* steht im Hauptsatz, wenn im Nebensatz mit „if" eine noch erfüllbare Voraussetzung im *past tense* steht.
8. **themselves**
   betontes Pronomen: wird mit „sie selbst" übersetzt
9. **making**
   Nach einer Präposition steht das *gerund.*
10. **will do**
    Das *will future* steht im Hauptsatz, wenn im Nebensatz mit „if" eine erfüllbare Voraussetzung im *present tense* steht.
11. **to use**
    „educate" steht mit Infinitiv
12. **of**
    „for the sake of": „um einer Sache willen"
13. **many**
    Mengenangabe zählbarer Dinge
14. **carefully**
    Nach „choose" folgt ein Adverb.
15. **be taught**
    Eine Empfehlung wird mit „should + Infinitiv" ausgedrückt.

Text Production

Seite 90

1 Writing a formal letter

Um diese Aufgabe lösen zu können, musst du wissen, wie ein Geschäftsbrief aufgebaut ist. Schau dir den Infokasten auf Seite 29 an. Vergiss nicht die Absenderangabe, das Datum, die Anschrift und die Betreffzeile sowie eine förmliche Anrede und einen Briefschluss.

Lösungsvorschlag:

Schöne Aussicht 5
35037 Marburg

February 9, 2017

Au Pair Care

Application

Dear Sir or Madam,

My name is Jasmin Mustermann, I am 16 years old and I am from Marburg, Germany. I am interested in working as an au pair because I like working with children and I would like to improve my knowledge of English. I am in year 10 at a secondary school and I have been learning English for six years. I am taking my final exams in May. In my free time I often work as a babysitter for my neighbours.
Please send me some more information about Au Pair Care or the address of your website.
How long will I have to work each day? What will I have to do? How much money do you pay for the job?

Yours sincerely,
Jasmin

2 Writing a diary entry

In einem Tagebucheintrag musst du keine formalen Vorgaben beachten. Dennoch solltest du die englische Rechtschreibung berücksichtigen.

Lösungsvorschlag:

November 10, 2017

Dear diary,

During the autumn hodidays I went to Usedom with my family. Usedom is an island in the Baltic Sea, close to the Polish border. We stayed in a family hotel near the beach. My brother and I shared a bedroom and my parents had their own bedroom next door.
We hired four bicycles and cycled to the beach, where we stayed till the afternoon. Then we usually went to an indoor swimming-pool or to a beach sauna. My brother and I met many other children we could play with. The only problem we had was the temperature of the water: It was too cold to go into the sea.
That's why I'd like to go to Italy in the summer holidays.

Jasmin

3 Writing a newspaper article

School exchange with Aberaeron in Wales

Last spring twenty students of year 8 at our school went on a school exchange to our partner school in Aberaeron in Wales. We took the plane from Frankfurt-Hahn to Birmingham, where we hopped on a train to the Welsh coast. It took us about six hours to get there. When we arrived in Aberystwyth, a town near Aberaeron, our host families were waiting at the station to welcome us. Then they took us to their homes by car. The next day, we all met at school and joined the classes of our hosts. In Great Britain, school lasts till the afternoon, so we had lunch together and when school finished, we often went to the beach together or we went bowling or had a look around town.
At the weekend we travelled to Cardiff to see the harbour and to visit a big ship museum.
In Aberaeron, we went on the Dylan Thomas trail. He was the most famous writer from Wales. After two weeks, we went back to Germany.
In autumn, our exchange students are coming to stay with us.

Test 4 – The world of work
Listening Comprehension

Seite 101

Part One: Radio adverts

1. electrician
2. £30
3. shoe shop staff
4. 9 a.m. – 5 p.m. every day and Saturday mornings
5. in Swindon
6. two and a half years
7. an assistant in an animal shelter
8. an interest in and a love of animals
9. in Manchester
10. an ability to speak German

Seite 102

Part Two: What's his job?

1. a) at a country club
2. a) caddy
3. b) He thinks it's OK.
4. b) for nearly two years
5. c) He works whenever he has time to do so.
6. a) more money that other schoolkids
7. c) He saves most of it and spends some.
8. b) some of his friends
9. a) He is in his last year.
10. c) during the week and on Saturdays

Seite 103
Part Three: Where do they work?

Conversation 1	shop
Conversation 2	restaurant
Conversation 3	travel agency
Conversation 4	garage
Conversation 5	hospital

Reading Comprehension

Seite 104
1 Book Reviews
A 6
B 3
C 5
D 4
E 1
Zu 2 und 7 gibt es keine passende Person.

Seite 105
2 Mark Haddon, *The Curious Incident of the Dog in the Night-Time*
A b) The narrator is a boy.
B a) He is interested in science and technology.
C a) He does not like to be close to other people.
D b) Sometimes he hides in the bathroom.
E a) He enjoys lying on the lawn.
F a) He is intelligent.
G a) Toby is a pet.

Seite 106
3 The Cornflake Story
Lösungsvorschlag:
a) The movement of the health food prophets.
b) He was a doctor who worked at a health sanatorium in Battle Creek.
c) Kellogg wanted people to eat the whole grain of wheat. Everyone should eat lots of dry, crispy food to have strong teeth.
d) He cooked a wheat mixture.
e) He ran the dried wheat mixture through the roller machine.
f) I do not think that cornflakes are very healthy because the natural ingredients have been treated a lot. These days cornflake products contain too much sugar.

Use of Language
1. Mediation

Seite 108
Lösungsvorschlag:
1. Dies ist Sam Fox, ein amerikanischer Student. Er möchte gern ein Bankkonto eröffnen.
2. Ok, let's see. How long are you going to stay here in Germany?
3. Er wird hier in Deutschland für ein Jahr leben und studieren. Er braucht das Konto, um die Studiengebühren und die Miete für die Wohnung zu bezahlen.
4. Good. Then he needs your passport, please. Do you already have an account in the USA?
5. Bitte, hier ist er. Ja, er hat ein Konto bei der ABC National Bank. Er hat auch eine Bestätigung von der Bank dabei.
6. That is good. They cooperate with your American bank. It will be no problem to open an account here. Please complete this form.
7. Muss er seine Adresse in USA und in Deutschland eintragen?
8. Yes, please fill in both addresses. That was all. You will receive a letter with your bank card within the next few days.

2. Words and structures

Seite 109
1 Pressure and competition
Bei dieser Aufgabe werden deine Grammatik- und Wortschatzkenntnisse überprüft. Du musst ein Wort ankreuzen, das in den Satzzusammenhang des Lückentexts passt.

1. most
2. who
3. too
4. different
5. your
6. those
7. than
8. ride

Seite 110
2 Return of the Jamaican bobsleigh team
What could be more unusual, and more heartwarming, than a team from a tropical developing country **participating** in the Winter Olympics? That was the story of the Jamaican bobsleigh team, which was the big **surprise** at the Calgary Olympics of 1988. Although the team performed poorly due to inexperience, its status as an underdog earned the goodwill of spectators as well as other countries' athletes. Disney **used** the story as the basis for a funny movie called *Cool Running*s in 1993.
[...] After a 12-year wait, Jamaica finally **qualified** again for the 2014 Olympics in Sochi, Russia. Suddenly, however, it had a different problem: it didn't have the money to go, nor to replace the metal runners on its bobsleigh.
In the movie, the team tries to raise money in various ways, but does not succeed until one of the athletes sells his car.

In January 2014, the team again had to be creative, and tried an updated approach. It **asked** for money on its website. The request for funds got the attention of a community of users of the online-only currency Dogecoin. Within two days, the Dogecoin users **contributed** $30,000. Two further **appeals** through the crowdsourcing websites Crowdtilt and Indiegogo brought in a further $185,000 by 22 January. The team then refused to accept any more money. [...]

Text Production

Seite 111
1 Application
Um diese Aufgabe lösen zu können, musst du wissen, wie ein Geschäftsbrief aufgebaut ist. Schau dir den Infokasten auf Seite 29 an. Vergiss nicht die Absenderangabe, das Datum, die Anschrift und die Betreffzeile sowie eine förmliche Anrede und einen Briefschluss.

Lösungsvorschlag:

Schöne Aussicht 5
35037 Marburg

February 9, 2017

Camp America
River Plaza
9 West Broad Street
Stamford
CT 06902-3788
USA

Information

Dear Sir or Madam,

My name is Jasmin Mustermann. I am 16 years old and I am from Marburg, Germany. I am interested in working at Camp America because I like working with children and I would like to improve my knowledge of English. I am in year 10 at a secondary school and I have been learning English for six years. I am taking my final exams in May. In my free time I often work as a babysitter for my neighbours.
Please send me some more information about Camp America or the adress of your website.
How long will I have to work each day and what will I have to do? How much money do you pay for the job?

Yours sincerely,
Jasmin

Seite 112
online debate: My dream job

Lösungsvorschlag:

----- Original Message -----
From: Jasmin Mustermann
To: East River High School
Sent: Monday, June 5, 2017 11:05 a.m.
Subject: Dreams of the future

Dear fellow students,

thanks for inviting me to take part in your online debate about my dreams of the future.
My name is Jasmin Mustermann, I'm sixteen and I'm from Marburg, Germany. This summer, I'm going to take my final exams and after that I would like to work abroad for some time to improve my knowledge of English. I've applied for a job at Camp America. If they don't accept me, I'll try to find a job as an au pair. After that, I want to work in education, maybe in a kindergarten. I could also imagine becoming a nurse.
Apart from that, I'm dreaming of a peaceful life with a family and two or three children. I hope people can do something about climate change and I would like to live in peace.
How about you?

Best wishes,
Jasmin

Originalprüfung 2016

A. Listening Comprehension

Part One
Seite 115
News Item 1

a) control the traffic.
b) Kisanga.
c) video cameras.
d) 30.

News Item 2

a) money
b) coming to a halt.
c) sandstorm.
d) felt very lucky.

Seite 116
Part Two
Jede richtige Zuordnung ergibt einen Punkt.

Ellie	Jack	Mr Sanders	Abigail
C	F	B	H

Liam	Edward	Jacob
D	E	A

Seite 117
Part Three
Jede verständliche und sinngemäß richtige Antwort ergibt einen Punkt. Pro Box wird maximal ein Punkt vergeben. Sprachliche Fehler führen nicht zu Punktabzug. Die Nennung mehrerer richtiger Aspekte pro Box führt nicht zum Punktabzug. Ist jedoch mindestens ein Aspekt falsch, wird kein Punkt vergeben.

Lösungsvorschlag:

when Tommy became blind	when he was young
what he needs at school	a special laptop/a laptop with audio features (*Für die alleinige Antwort „laptop“ wird kein Punkt gegeben.)*
where he is from	Chicago
one sport he did as a child	running/swimming/biking (with a guide)
how kids treated him at elementary school	(They) didn't know how to include him/(They) left him out.
an advantage of skate-boarding	(It is an) individual sport./ (He) needs no help/can do it on his own.
how he finds his way around the skatepark	(He) has a plan of the skatepark (in his mind)/ by the sound of the wheels on the ramp
why Tony Hawk phoned him	(He) wanted to skateboard with him/ride with him.
his life now	(He is a) high school senior./ (He) runs/plays the drums/still skateboards. (He) works for/joined the team of a skateboard company.
his future plans	college/(maybe) career in journalism

B. Reading Comprehension

Seite 118
1. Ethical shopping

part of the text	1	2	3	4	5
heading	F	C	G	A	B

Seite 120
2. Apps for learning

a) London.
b) its maths app.
c) will hopefully benefit from the project.
d) Andrew Ashe.
e) fewer children.
f) every second day for half an hour.
g) they share the tablets.
h) learners work as fast as they want.
i) the Malawi education ministry.
k) people buying apps.

Seite 122
3. Waiting for Alex
Lösungsvorschläge:

a) She/Alex is often late.
b) He can't understand it. It annoys him./He hates it./ They bother him.
c) It is Christmas Eve/24th December.
d) He just wants to go somewhere/anywhere with her./ He just wants to get away.
He wants to get on a train/boat/plane.
e) He paces up and down/swears/makes tea/rings her/ goes over to her house.
f)
- The car has gone.
- There are no tyre tracks.
- The curtains have not been drawn.
- No lights are on.
- There is no movement in the house.
- The house is quiet.
- The milk has not been collected.

g) because the glass is not clear/because of the patterned glass he is looking through
h) The cold/dark matches his loneliness/sadness/depression.

The cold/dark makes him feel lonelier/sadder/more depressed.

i) He does not want to accept that she is not there./He still has a faint hope she might be there./It is the only thing he can do now./He wants to make/be sure she really isn't there.

C. Use of Language

1. Mediation
Seite 124
Lösungsvorschläge (Es werden keine vollständigen Sätze erwartet):

a) Hauptanliegen:
Probleme in der Schule/schwieriger Start (in der Schule)/Lenas schlechtes Verhalten/Lenas schlechte Leistung/Erwartungen der Schule nicht erfüllt

weitere wichtige Punkte:
(Lena ...)
- hält keine Regeln ein/verstößt gegen (die) Schulregeln
- nimmt das Lernen nicht ernst
- gibt ihre Hausaufgaben nicht regelmäßig ab
- arbeitet unzureichend/schlecht mit
- trägt selten Krawatte/Schuluniform (dafür aber Schmuck und Make-up)
- benutzt (ihr) Handy in der Schule
- verlässt die Schule in der Mittagspause
- hat Probleme, Freundschaften zu schließen

(Schulleiter/Schulleitung ...)
- (erwartet, dass) Schülerinnen und Schüler (die) Schulregeln beachten/Wert auf ihre Leistungen legen

b) Hauptanliegen:
parents will talk to Lena about these problems

weitere wichtige Punkte:
(parents...)
- are worried (that) she won't pass the exams at the end of school year
- will talk to the host family (about Lena)
- hope (that) things will improve soon
- (say that) school rules (are) almost the same in Germany/(there are) school rules in Germany too
- only know about her problems in maths

(Lena...)
- has always been a good student
- has always participated in lessons (at school in Germany)
- has to work harder for school
- hasn't talked to her parents about (her) problems
- has only mentioned (her) problems in maths
- (says that) maths teacher is strict/(she is) afraid of asking questions

2. Words and structures
Seite 126
In 1961, the Russian Yuri Gagarin (1) **became** the first man in space. The first woman (2) **who** went into space in 1963 was also from Russia. At the same time in the US, many people were (3) **sceptical** and did not believe women could be astronauts. It took another 20 years before the (4) **first** American woman followed. In 1960, some US women attended the NASA Women Space Program, (5) **which** allowed women to take the same medical tests as the male astronaut candidates. The seven men who (6) **passed** the tests successfully became America's first astronauts. At the same time, 13 women also mastered the tests, but these women were never (7) **given** the chance to go into space.
(8) **Nowadays,** women do all the jobs men have always done.
One example is Dottie Metcalf-Lindenburger. (9) **When** she was born in 1975, women in America were not even allowed to (10) **become** astronauts. In 2010, Dottie flew to the International Space Station (ISS) – a huge research center 200 miles (11) **above** the earth. She says she (12) **loves** her job because every day is different. It is a fact that if these 13 women all those years ago hadn't been (13) **prepared** to take great personal risks, women today would not have the opportunity to go into space.
One last advice from Dottie: Girls who want to become astronauts should first go to college and (14) **study** a subject like mathematics or engineering. It is hard work, but it is worth it.

D. Text Production

Seite 127
Lösungsvorschläge:
What is the story behind the picture?
One day my grandfather and I went for a walk together. The weather was nice and I asked him whether we could go to the small playground in our area. On our way we passed a long wooden fence. "Do you know what they're building behind it?" I asked my grandfather, but he had no idea. It was too high to look over it, but after we had taken a few steps we saw some holes in the fence. I was curious, so I looked through one. I was more than surprised and asked my grandfather to have a look, too. We saw a huge building site with a sign saying that in October this year they will be opening a new adventure playground there. I was excited! An adventure playground near our house! Even my grandfather started to smile. We looked at each other and started making plans. What kind of adventures will we have there together? Will grandfather be allowed to play there too, or is he too old? Since it was only April, we would have to wait for a while to find out.
(187 words)

My favourite place in the world

My favourite place in the world is my own room in our house! I created it the way I always wanted it to be. It is a nice bright room. My parents aren't allowed to come in when I am not at home. I take care of my room. It is my island where I can do whatever I want. Since my room is above the garage I can even listen to loud music if I want to. Sometimes I read books or play computer games with my friends. This room has been mine for five years. Before I got my own room I had to share one with my little brother. That was horrible! I had no time on my own and there was always a mess on the floor. My room now is all tidied up and I have my own desk. It is just perfect, and it is the only place in our house where I can relax and simply leave problems behind.

(166 words)